Nueva Vida en Cristo
Lecciones y Recursos

Iglesia del Nazareno
Región Mesoamérica

Nivel B1 - Conversión a Bautismo
Jóvenes / Adultos

Título: Nueva Vida en Cristo - Lecciones y Recursos

Libro de la serie "Discipulado ABCDE"
Etapa B - Primer Nivel - Conversión a Bautismo.
Guía de estudio para Jóvenes/Adultos

Autor: Mónica Mastronardi de Fernández
Edición general: Dra. Mónica Mastronardi de Fernández

Material producido por: Iglesia del Nazareno, Región Mesoamerica
Ministerio de Discipulado y Escuela Dominical
www.mesoamericaregion.org/ministerios/discipulado-y-escuela-dominical

Publica y distribuye
Asociación Region Mesoamérica
Av. 12 de Octubre Plaza Victoria Locales 5 y 6
Pueblo Nuevo Hato Pintado
Ciudad de Panamá, Panamá.
Tel: 507-203-3541
E-mail: literatura@mesoamericaregion.org

Copyright © 2018 - Derechos reservados

ISBN: 978-1-63580-099-9

Se permite la reproducción de este material sin fines comerciales, únicamente para ser utilizado para discipulado en las iglesias.

Todas las citas son tomadas de la Reina - Valera (RV) 1960 por la Sociedad Bíblica Internacional, a menos que se indique lo contrario.

Diseño: Juan Manuel Fernández

Impreso en EE. UU.

Índice de Contenidos

Presentación 1

¿Qué es discipulado ABCDE? 2

Guía para el discípulo 4

Guía para el discipulador 8

Sesiones

Guía para el discipulador primera sesión 18

Primera sesión:
Presentación del plan de salvación 22

Guía para el discipulador segunda sesión 28

Segunda sesión:
¡Cristo te ha dado una nueva vida! Ahora 30

Guía para el discipulador tercera sesión 34

Tercera sesión:
¡Cristo te inicia en una nueva relación con Dios! 36

Guía para el discipulador cuarta sesión 42

Cuarta sesión:
¡Cristo tiene un plan maravilloso para tu vida! 44

Guía para el discipulador quinta sesión 48

Quinta sesión:
¡Cristo desea hacerte parte de su iglesia! 50

Guía para el discipulador sexta sesión 56

Sexta sesión:
¡Cristo te invita a participar de sus sacramentos!...................... 58

Guía para el discipulador bautismo y celebración 63

Recursos Adicionales

Unido a la familia de Dios 64

Descubriendo a Jesús cada día - 31 devocionales
para nuevos creyentes sobre el evangelio de Lucas 74

Cómo leer la Biblia y aprender de ella 90

Diccionario para nuevos creyentes - Palabras usadas en
la conversación y cultos de las Iglesias del Nazareno 102

Solicitud de bautismo 129

Certificado de culminación 131

Presentación

Estoy muy emocionado de darle la bienvenida a la mayor aventura en la vida... creciendo y viviendo como un discípulo de Jesucristo. En estos momentos, es probable que usted haya tomado el primer gran paso en su vida cristiana, cuando pidió a Jesús que perdonara y limpiara sus pecados. Si es así, Jesucristo es ahora su salvador personal y está presente en su vida. Este primer paso es maravilloso, pero sólo es el comienzo. Jesús quiere hacer mas que salvarle de sus pecados y darle vida eterna, él desea llevarle a vivir su vida conforme a sus propósitos, quiere enseñarle a amar a otros y a servir a otros como lo hizo él. Para lograr esto, lo primero que necesitamos es crecer en nuestra relación con Él, aprender a amar a Dios con todo nuestro ser y seguir su ejemplo en toda nuestra manera de vivir. Ese proceso se conoce como DISCIPULADO, y a la persona que participa en el mismo se le llama un DISCÍPULO. Cada cristiano es llamado a participar en el discipulado, y vivir como un discípulo o discípula de Jesús, para toda su vida.

Tiene frente a usted un recurso que entre otros materiales relacionados, están diseñados para ayudarle en este viaje de ser más y más como Cristo. A medida que estudia este recurso con su discipulador / maestro, usted podrá aplicar las enseñanzas de la Palabra de Dios a su vida y aprenderá a caminar más y más cerca de Jesús y al mismo tiempo podrá crecer en sus relaciones con el Señor y con otras personas. Nuestro deseo desde los Ministerios de Discipulado es que usted continúe creciendo y sirviendo por el resto de su vida como discípulo o discípula, y que más adelante, usted también pueda convertirse en un/a discipulador/a guiando a otros para que lleguen a ser discípulos de Jesús.

Dios le bendiga.

Rev. Monte Cyr
Coordinador de Ministerios de Discipulado
Región Mesoamérica

¿Qué es Discipulado ABCDE?

Hacer discípulos a imagen de Cristo en las naciones es el fundamento de la obra misional de la Iglesia y la principal responsabilidad de su liderazgo (Efesios 4:7-16). La labor de discipulado es continua y dinámica, es decir el discípulo nunca deja de crecer a semejanza de su Señor. Este proceso de crecimiento, cuando es saludable, ocurre en todas dimensiones: en la dimensión "individual" (crecimiento espiritual), en la dimensión "corporativa" (incorporación al compañerismo de la iglesia), en la dimensión "santidad de vida" (transformación progresiva de nuestro ser y hacer conforme al modelo de Jesucristo) y en la dimensión "servicio" (capacitación para servir en el ministerio según el llamado de Dios a cada uno de sus hijos e hijas).

Para contribuir a la formación integral de los miembros de sus iglesias, la Iglesia del Nazareno de la Región Mesoamérica ha implementado el plan de discipulado ABCDE, y desde el año 2001 ha avanzado en la publicacuón de libros para cada uno de estos niveles.

El libro que tienes en tus manos corresponde al NIVEL B de discipulado, la segunda etapa del plan que inicia cuando la persona ha aceptado a Jesucristo como Salvador y Señor. Este NIVEL B tiene el propósito de guiar al nuevo discípulo o discípula y a su discipulador o discipuladora en el estudio de las bases bíblicas de la vida cristiana. El nivel se desarrolla en 2 libros: Nueva Vida en Cristo (B1) que se enfoca en la preparación para el bautismo y Claves para la vida cristiana abundante (B2) que tiene como meta preparar al nuevo discípulo para la membresía activa de la iglesia local.

Dra. Mónica Mastronardi de Fernández
Editora General Discipulado ABCDE
Iglesia del Nazareno - Región Mesoamérica

Nivel A | Acercamiento
Evangelismo.

Nivel B | Bautismo y Membresía
Discipulado para nuevos creyentes.

Nivel C | Crecimiento en Santidad
Formación integral a la semejanza de Cristo.

Nivel D | Desarrollo Ministerial
Escuela de Liderazgo.

Nivel E | Educación Ministerial Profesional
Carreras diversificadas en instituciones teológicas.

Guía para el discípulo

¡Felicitaciones por haber tomado la **decisión más importante** en toda su vida: aceptar a Jesucristo como tu Señor y Salvador! Haber sido perdonado por Cristo marca el inicio de una "Nueva Vida" caminando paso a paso con Jesús y aprendiendo de él.

La Biblia llama a todos los seguidores de Jesús, "discípulos" y "discípulas" esto quiere decir, alguien que aprende, un alumno que sigue el ejemplo de su maestro. Los discípulos de Cristo, somos seguidores y aprendices durante toda nuestra vida y el propósito de éste aprendizaje es ser cada día más semejantes a Jesús en toda nuestra manera de vivir. Jesucristo es nuestro modelo perfecto, aprender a vivir cada día más como Cristo será el propósito de tu vida de ahora en adelante.

El plan de Jesús para todos sus discípulas y discípulos es que se unan y formen comunidades para adorar y servir juntos. A éstas comunidades Jesús las llama iglesias y éstas

son la familia de Dios, dónde sus hijos e hijas crecen juntos. Allí recibimos cuidado, enseñanza, amor, consejo de nuestros hermanos y hermanas, y especialmente de los líderes espirituales y pastores que han sido llamados por Dios y capacitados para esta tarea especial.

Las personas que como tú se inician en la Nueva Vida en Cristo necesitan de un **hermano o hermana** que les guíe en los primeros pasos. Ésta persona será tu discipulador/a y será responsable de acompañarte y enseñarte las bases de la vida cristiana durante 5 a 6 semanas. Para éstos encuentros deben acordar una tiempo semanal y el lugar dónde se reunirán. Deben escoger un sitio que no provea distracciones y que sea cómodo para compartir juntos.

Las lecciones de éste libro te guiarán en el aprendizaje de la Biblia. Para ello necesitarás de una Biblia. Si no la tienes, tu hermano guía te ayudará a obtener una y te enseñará cómo encontrar los pasajes en ella. Precisarás apartar un tiempo cada semana **para el estudio** y para completar las actividades de las lecciones antes de cada encuentro.

Nueva Vida en Cristo | 5

 Anota en un cuaderno tus dudas y preguntas. En cada encuentro revisarán juntos las respuestas y aclararán las dudas. También orarán juntos, hablarán sobre cómo has aplicado lo aprendido en la semana anterior y también pondrán metas para la siguiente semana.

Será muy importante para tu crecimiento que todo lo aprendido lo pongas en práctica en tu vida. Recuerda que Jesús quiere enseñarte a vivir como él. No se trata sólo de saber más, sino de transformar tu vida siguiendo el modelo de Jesús. Tu hermano guía te ayudará cuando tengas dudas, inquietudes o problemas para poner en práctica lo aprendido cada semana.

Durante este tiempo comenzarás a practicar **hábitos** que te ayudarán en un sano desarrollo espiritual, como son: hacer amigos cristianos, orar, aprender a diario de la Biblia, asistir a la iglesia, participar de la Cena del Señor y del bautismo en agua.

Estamos seguros de que Dios tiene un plan maravilloso para tu vida, el que comenzarás a descubrir, mientras estudias las lecciones de éste libro con tu discipulador o discipuladora. Comparte tus dudas y necesidades con él o ella, para que ore por ti, te oriente y aconseje. Recuerda que él o ella ya pasó por esta primera etapa y puede servirte de mucho su experiencia.

Ser un seguidor de Cristo es una **aventura emocionante**. Estamos felices de ayudarte a crecer como discípulo/a de Jesucristo. No estás sólo, no estás sola en este desafío, cientos de nuevos discípulos como tú están estudiando estas lecciones y creciendo a semejanza de Jesucristo.

Muchos estamos orando por ti, para que completes éste primer nivel en tu preparación y sigas creciendo más y más a semejanza de Jesucristo.

Guía para el discipulador

¡Felicitaciones por aceptar el privilegio y desafío de discipular a un nuevo hermano/a en la fe de Cristo! Esto es precisamente a lo que Dios nos ha llamado como iglesia: "hacer discípulos semejantes a Cristo en las naciones" (Mateo 28:18-20).

El **discipulado básico es crucial** para establecer bases sólidas en el comienzo de la vida cristiana. Es esencial para el desarrollo saludable de los discípulos/as del Señor, de manera que cada uno y cada una llegue a ser maduro en su fe y comprometido con el ministerio de la iglesia. La mejor estrategia para desarrollar iglesias saludables, crecientes, llenas del poder del Espíritu Santo y que transformen sus comunidades es con un sólido ministerio de discipulado. Es por eso que el ministerio de los discipuladores y las discipuladoras es esencial para el presente y el futuro de la iglesia.

Este libro se ha diseñado para ayudarle en este ministerio, mientras guía al nuevo creyente en sus primeros pasos como discípulo/a de Jesús y le preparara para unirse a la comunión de la iglesia por medio del bautismo en agua. Este libro contiene seis sesiones cuyo objetivo es poner el fundamento para el crecimiento saludable del nuevo discípulo. Además se incluye la tarjeta "Solicitud de bautismo" para ser llenada por el nuevo convertido al finalizar estas lecciones. También se ha incluido el "Certificado de culminación", el cuál sugerimos que sea entregado públicamente en un culto o reunión especial donde toda la congregación tenga la oportunidad de celebrar el crecimiento espiritual de los nuevos discípulos de Jesucristo.

A continuación se incluye una descripción de las responsabilidades de todo discipulador/a para que su ministerio sea efectivo y fructífero.

Responsabilidades del discipulador/a

Orar constantemente por la vida de sus discípulos.

El discipulado es un ministerio en que no trabajamos solos. Recuerde que es el Espíritu Santo y no usted, quien hace la obra de transformación de las mentes y los corazones de las personas. Él es el maestro que estará las 24 horas con su discípulo/a, es por eso que la oración es una disciplina fundamental de los discipuladores.

Nueva Vida en Cristo | 9

Ore por el tiempo que ambos van a dedicar para estudiar las lecciones por separado y luego al unirse para compartir. Ore que el Señor ilumine su mente y le ayude a captar las verdades de la Palabra. Ore para que el nuevo discípulo sea perseverante en el discipulado y no ceda ante las presiones de familiares, amigos, o de hábitos pecaminosos. Recuerde que los bebés espirituales son muy frágiles y necesitan de intercesores que luchen espiritualmente por ellos y ellas, ya que Satanás usará todas sus artimañas para intentar desviarles de su propósito de seguir a Jesús.

Poco a poco irá conociendo las necesidades de la vida de su discípulo/a y las de su familia. Es importante preguntar cuáles son sus peticiones específicas y permitirle compartir en los sucesivos encuentros cómo Dios está respondiendo a estas necesidades. Cultive en su discípulo un corazón agradecido, orando y dando gracias por la respuesta del Señor.

Tener vocación y dones para el discipulado

Todo discipulador y discipuladora ha sido escogido y llamado por Dios. El discipulado es un ministerio que requerirá de inversión de mucho tiempo y energía. No podemos permanecer en esta tarea sin el amor y la pasión por desarrollar a los nuevos creyentes; pasión y amor que sólo puede darnos el Espíritu Santo. En su gracia Dios imparte dones especiales a sus hijos e hijas para este ministerio como son: enseñanza, discernimiento, conocimiento, liderazgo, pastor, fe, exhortación, evangelismo, intercesión, entre otros. Estos dones se van desarrollando a medida que hacemos discípulos (aprendemos de la experiencia), pero también es importante aprovechar todos los recursos que la iglesia pone a nuestra disposición para prepararnos ministerialmente (vea más información en la sección ¿Qué es discipulado ABCDE? en la página 2 de este libro).

Cultivar relaciones

El ministerio del discipulado se basa en cultivar relaciones. Para que un nuevo creyente permanezca en la iglesia local es fundamental que haga amistad con otros hermanos y hermanas. Es por eso que el discipular a otros es más que impartir unas lecciones.

El discipulador/a estará invirtiendo largo tiempo de su vida cultivando relaciones con otras personas. Compartirá su vida, sus experiencias y sus conocimientos para guiar a otros en un camino que él o ella ya está recorriendo hace un tiempo. Es de vital importancia que desarrolle una relación de amistad, amor, confianza y aprendizaje mutuo con su discípulo/a.

Si hay líderes que están discipulando a otros vertidos, una buena idea es reunirse en grupos pequeños para compartir una o varias lecciones, para intercambiar testimonios, para conocerse, tomar café y orar unos por otros. Recuerde que los nuevos creyentes tienen problemas, dudas y temores similares, por lo que pueden hablar, animarse y aprender los unos de los otros.

Otra estrategia para ayudar a los nuevos creyentes a hacer amigos, es planear tiempos de compañerismo con otros hermanos y hermanas de la congregación que tengan características similares en cuánto a edad, ocupación, tipo de familia, etc., es decir que tengan experiencias de vida semejantes. En el caso de personas que están luchando para salir de adicciones o problemas específicos, se le puede reunir con algún hermano o hermana ya maduro, que triunfó en el mismo problema y que podría compartir su testimonio y consejos con su discípulo/a.

Ser modelo de vida cristiana

La vida del discipulador/a será el primer modelo de vida cristiana que tendrá el nuevo discípulo/a. Por tendencia natural el bebé espiritual tiende a imitar a su maestro/a discipulador/a. El discipulador/a antes que nada es llamado a ser un maestro de vida, alguien que transmite a otro la vida de Cristo, que enseña a vivir como Cristo. El nuevo discípulo no puede ver a Cristo, lo que puede ver es a Cristo viviendo en su discipulador/a.

El nuevo discípulo o discípula debería tener la oportunidad de conocer a su discipulador más allá de sus funciones ministeriales, en su actuar como esposo, padre, empleado, ciudadano, vecino, amigo, etc. Esto le dará la oportunidad de aprender cómo ser cristiano en todas las áreas de la vida. Los nuevos discípulos deben ser transformados en todo su ser, esto incluye cuerpo, mente, alma y espíritu (I Tesalonicenses 5:23). Deberán poco a poco ir reorganizando sus vidas completas, conforme a los principios de vida santa que Jesús enseñó para todos los que son parte de su iglesia. Para ello necesitan ver a otros cristianos fieles actuando santamente en las circunstancias reales de la vida.

Podemos decir que la vida cristiana se aprende por "contagio". Es por eso tan esencial que los discipuladores y las discipuladoras sean modelos de alta calidad en su vida cristiana, modelos saludables que al reproducirlos aportarán al crecimiento de una iglesia más saludable, más comprometida, más generosa, más fructífera en su ministerio.

Es muy importante que el discipulador/a sea responsable y puntual con su discípulo, y que cumpla todo lo que promete. Póngase a su disposición, y comparta su número de teléfono, dirección, así como los de la iglesia y el pastor. Cuide su vestimenta y su arreglo personal. Tener a la mano mentas para refrescar su aliento es muy recomendable. Tenga cuidado del vocabulario que utiliza. Recuerde que su meta es formar discípulos responsables y disciplinados.

Ser un maestro paciente

La paciencia es una virtud indispensable de los buenos maestros. Las lecciones de este libro se han diseñado para estudiar una a la vez y tener oportunidad de poner en practica lo que se ha aprendido, luego en el siguiente encuentro hay que evaluar la experiencia, aclarar dudas, y hacer las correcciones necesarias. No hay prisa; cada lección debe ser asimilada y llevada a la vida del discípulo.

El discipulador debe estudiar las lecciones previamente, llenar los espacios en blanco y conocer muy bien cada lección antes de compartirla. Cuando un discípulo/a tiene dificultad leyendo o escribiendo o buscando los pasajes en la Biblia, hay que buscar una solución, ya sea, que el discipulador le auxilie u otra persona.

Si en una ocasión el discípulo olvida completar la lección, sea paciente, pero motívele a cumplir fielmente para la próxima ocasión. Es muy importante que el nuevo convertido tenga a quién rendirle cuentas, en este caso al discipulador. Si al revisar la lección encuentra que hay errores, sea amable y corríjale con amor, siempre sea paciente para escuchar su punto de vista y proveer explicación en palabras sencillas. Siempre asegúrese de que la persona ha comprendido y corregido su error, puede hacerlo por medio de preguntas o pidiendo que lo explique en sus propias palabras.

Si el tiempo no diera para terminar una lección siga con ella la próxima semana. Recuerde que el propósito es aprender y poner en práctica, enfóquese en los frutos, en los resultados de cambio en la vida del discípulo/a, aunque lleve más tiempo, valdrá la pena.

Guiar al discípulo/a a llevar a la vida lo que aprende en la Palabra

Asegúrese que el nuevo hermano o hermana realice todas las actividades de cada lección; que memorice los versículos cuando la lección lo pida y que pueda entender y explicar en sus propias palabras los versículos. En la siguiente sesión, será importante evaluar juntos lo que se ha comprometido a poner en práctica en la semana. Esta será una buena ocasión para compartir su experiencia y aconsejar al discípulo/a, también y muy importante felicitarle por su progreso y hacerle saber lo orgulloso que usted se siente por sus logros. Pueden tomar un tiempo para orar por las dificultades que ha enfrentado y para agradecer por los triunfos de la semana.

Anímelo siempre a seguir poniendo en práctica lo aprendido, ya que en éstas lecciones se enseñan hábitos esenciales para su crecimiento y permanencia en la vida cristiana.

Rendir cuentas a sus líderes espirituales

Las reuniones periódicas con el pastor/a y/o encargado/a del programa local de discipulado serán de mucha ayuda para definir estrategias, planes, calendarios, recibir capacitación, dirección, dar informes de desempeño y evaluar los resultados. También reuniones como éstas tienen el propósito de proveer motivación, recibir orientación y consejo ante situaciones difíciles y especialmente orar los unos por los otros y por el ministerio.

GUÍA PARA LAS SESIONES DE DISCIPULADO NUEVA VIDA EN CRISTO

Para el estudio de estas seis primeras lecciones de discipulado, en preparación para el bautismo, recomendamos distribuirlas en 6 sesiones, una por semana, con unos 7 días de separación.

Estas lecciones pueden utilizarse para el discipulado de uno a uno o también en grupos. En ambos casos el lugar de encuentro puede ser una casa, el templo, una cafetería, un restaurante, la hora de almuerzo en la oficina, u otro lugar según el acuerdo que establezcan. La duración de cada sesión puede ser de 45 a 60 minutos en el caso de un discípulo, y de 60 a 90 minutos en el caso de grupos. Cuando se imparten en grupos, es recomendable tener dos o más discipuladores (puede ser uno con más experiencia y otros que se están formando), separándose en ciertos momentos del encuentro para un seguimiento más personalizado y una mayor participación.

Es importante que la primer sesión (post-conversión) se realice en las 48 horas siguientes a la decisión por Cristo, ya sea que ésta haya ocurido en un culto o campaña evangelística, en una célula, clase de Escuela Dominical, por medio del evangelismo personal u otro método de evangelismo. A continuación se incluye una guía de lo que necesitamos preparar antes de cada sesión y lo que haremos en cada reunión con el nuevo discípulo o discípula.

Guía para el discipulador

Primera Sesión

Materiales:

- Un ejemplar del libro Nueva Vida en Cristo para entregar al nuevo discípulo/a.
- Una Biblia para obsequiar o vender, en el caso de que el nuevo discípulo/a no tenga una. De preferencia en una versión en lenguaje sencillo (como la TLA), aunque la versión usada en éstas lecciones es la Reina Valera 1960 por ser la de mayor uso en las iglesias.

Metas:

1. **Presentación.** Preséntese usted mismo: su nombre, su familia (puede mostar fotos de su familia, si las tiene), su ocupación, su tiempo de ser cristiano, presente a la iglesia que le envía y hable del gozo que usted siente por tener el privilegio de conocerle y compartir con él o ella. Permita que su discípulo se presente también. Guíele por medio de preguntas como éstas: ¿Cómo ha sido su vida sin Cristo? ¿Cómo es su relación matrimonial y familiar? ¿Cuáles son sus luchas? ¿Qué le motivo a buscar a Cristo o llegar a la iglesia?

2. **Corroborar la experiencia de conversión.** Antes de iniciar un proceso de discipulado es prioritario verificar si la persona ha tomado una decisión consciente de seguir a Jesús y si está seguro de haber sido perdonado de

sus pecados y de tener vida eterna. Este es el punto de partida y el requisito para ser discipulado, sin ésta seguridad no podemos continuar. En ocasiones encontrará personas que no tienen la seguridad de su salvación. Esto lo descubrirá haciendo la pregunta: ¿Si por alguna circunstancia le tocara morir está noche, está seguro de ir al cielo? Si la respuesta es negativa o dudosa esté preparado para hacer la presentación del Plan de salvación que se incluye en la Primera Sesión del libro. Si la persona tiene seguridad, igualmente repasen juntos el Plan de salvación, para reforzar su decisión de seguir a Cristo.

3. **Hacer un compromiso con el discipulado.** Hable del própósito de éste encuentro, que es invitarle a participar de unas lecciones bíblicas que le iniciarán como discípulo/a de Jesús. Explique que la única manera de seguir a Jesús es convertirse en su discípulo/a (Juan 10:27). Invítele directamente a que escoja ser un fiel discípulo de Jesús. Puede asegurarle que al emprender una vida de constante aprendizaje y crecimiento, recibirá por medio del Espíritu Santo principios y guía para gozar de ésta vida nueva y abundante.

Ayúdele a comprender que:

• Jesús es quien envía a sus discípulos más maduros a formar a los nuevos discípulos y que usted se compromete a enseñarle a dar los primeros pasos en la vida cristiana (Mateo 28:19-20)

- Pídale que haga el compromiso de participar durante 5 semanas en las sesiones 2 a 6 para completar el discipulado básico. Lean y revisen la "Guía para el Discípulo" que incluye el libro, para que conozca cómo trabajarán juntos mientras estudian las lecciones.

- Establezcan el tiempo y lugar para los encuentros semanales.

4. **Entregue una copia** del libro "Nueva Vida en Cristo" y una Biblia. Asegúrese que su discípulo disponga de una Biblia.

5. **Explique como completar** la Segunda Sesión. Enfatícele al nuevo discípulo que estudie y llene semanalmente toda su lección con puntualidad. Esto le ayudará a aprovechar mejor el tiempo de sus reuniones. Si es necesario, explique qué es la Biblia y cómo buscar las citas bíblicas usando la tabla de contenido que se encuentra en las primeras páginas. Aclare cualquier idea equivocada que la persona podría tener respecto a la Biblia, y permítale que le comparta cualquier inquietud o pregunta sobre ella.

En esta etapa básica del discipulado es importante desarrollar el hábito de la lectura de la Biblia y el discipulador es responsable de ello.

6. Finalice con oración por las peticiones del discípulo y comparta su teléfono para que pueda contactarle para cualquier consulta o necesidad.

Primera Sesión
Presentación del plan de salvación

Las 5 preguntas más importantes que toda persona debe responder...

1 | ¿Se interesa Dios por mí?

Dios te ama, y tiene un Plan maravilloso para tu vida. La Biblia afirma que Dios es un Dios que nos ama más que nadie y lo ha demostrado enviando a su Hijo:

> Juan 3:16: *"Dios amó tanto a la gente de este mundo, que me entregó a mí, que soy su único Hijo, para que todo el que crea en mí no muera, sino que tenga vida eterna."*

Jesucristo también dijo que el mayor deseo de Dios es que vivamos una vida llena de gozo. Es por eso que él vino para enseñarnos como vivir una vida abundante:

> Juan 10:10b: *"... yo he venido para que tengan vida, y para que la tengan en abundancia."* (VRV 1995).

2 | ¿Qué me impide experimentar esta "vida en abundancia"?

Los seres humanos fuimos creados para tener comunión con Dios, para cultivar una relación de amor y obediencia con el Creador, una relación que nutre nuestra vida y la llena de satisfacción. Pero el egoísmo y el querer vivir bajo nuestra propia voluntad, nos condujo al rompimiento de la relación con Dios. Esta voluntad egoísta que nos lleva a rebelarnos a la voluntad de Dios o a vivir indiferentes a él, es lo que la Biblia llama pecado.

Romanos 3:23: *"Todos hemos pecado, y por eso estamos lejos de Dios."*

El pecado se hace evidente en todo aquel pensamiento, palabra o acción que es contrario a la voluntad de Dios. Dios es un Dios santo y su voluntad para nosotros es liberarnos del poder del pecado que nos separa de él. Cuando vivimos en pecado estamos muertos espiritualmente, separados de la fuente de la vida que es Dios. La Biblia afirma que ésta separación nos impide experimentar el amor y todo lo bueno que Dios tiene para nosotros.

Romanos 6:23: *"Quien sólo vive para pecar, recibirá como castigo la muerte. Pero Dios nos regala la vida eterna por medio de Cristo Jesús, nuestro Señor."*

Los seres humanos tratan de alcanzar la vida en abundancia, y acercarse a Dios mediante sus propios esfuerzos: la religión, la moral, la filosofía, las buenas obras, etc., pero nada de esto es efectivo.

3 | ¿Hay alguna solución al problema del pecado que me separa de Dios?

Dios ha puesto fin a ésta separación al enviar a su hijo Jesucristo, él es el único camino que nos permite conocer y experimentar el amor de Dios. Jesucristo vino a enseñarnos cómo reorientar nuestra vida conforme al plan de Dios.

Juan 14:6: *"Jesús le respondió: —Yo soy el camino, la verdad y la vida. Sin mí, nadie puede llegar a Dios el Padre."*

Para abrirnos el camino él murió en nuestro lugar, sufriendo el castigo que nosotros merecíamos por nuestro pecado. Luego resucitó, triunfando para siempre sobre el poder de la muerte, demostrándonos que él tiene el poder para librarnos del poder del pecado y darnos una Nueva Vida, una que va más allá de la muerte física, ya que es eterna.

1 Corintios 15:3-6: *"...Cristo murió en lugar de nosotros, que éramos pecadores. Tal como lo enseña la Biblia,* que

fue sepultado y, después de tres días, Dios lo resucitó. Primero se le apareció a Pedro, y después a los doce apóstoles. Luego se les apareció a más de quinientos de sus seguidores a la vez."

4 | Cómo puedo obtener esta Nueva Vida en Cristo?

El primer requisito para comenzar a vivir en esta Vida Nueva es reconocer que has vivido lejos de Dios, viviendo a tu manera. Dios te está esperando para perdonarte y limpiar el pecado de tu vida. Para ello debes creer que el sacrificio que hizo Jesús en la cruz, es suficiente para salvar tu vida, limpiar tu pecado y hacerte nacer de nuevo como hijo o hija de Dios. La Vida Nueva en Cristo es un regalo que Dios quiere darte por amor.

> Efesios 2:8-9: *"Ustedes han sido salvados porque aceptaron el amor de Dios. Ninguno de ustedes se ganó la salvación, sino que Dios se la regaló. La salvación de ustedes no es el resultado de sus propios esfuerzos. Por eso nadie puede sentirse orgulloso."*

Para recibir esta Nueva Vida sólo necesitas arrepentirte del pecado que has acumulado en tu vida hasta hoy: todas tus acciones, tus pensamientos y las palabras desobedientes a Dios. Luego necesitas poner toda tu fe en Jesucristo y pedirle a Dios que te perdone y te haga nacer de nuevo, como un hijo o hija de Dios, esto es recibir a Jesucristo como Salvador.

> Romanos 5:8: *"Mas Dios muestra su amor para con nosotros, en que siendo aún pecadores, Cristo murió por nosotros."* (VRV 1995).

Oración para recibir a Jesucristo como Salvador:

> *"Padre Celestial: Gracias porque me amas y hoy entiendo que te necesito. Gracias por enviar a Jesucristo a morir en mi lugar y sufrir el castigo que mi pecado merecía. Me arrepiento de haber vivido a mi manera, lejos de tu voluntad.*

Perdona todo pensamiento, palabra y hecho pecaminoso de mi vida pasada. Limpia todo mi ser y hazme nacer de nuevo como tu hijo (o hija).

Gracias por escuchar mi oración y regalarme esta Nueva Vida en Cristo."

Esta Nueva Vida que has recibido continuará mas allá de la muerte física. La Biblia dice que ahora eres un hijo (hija) de Dios y que tienes vida eterna:

Juan 1:12: *"Mas a todos los que le recibieron, a los que creen en su nombre, les dio el derecho de ser Hijos de Dios".* (VRV 1995)

Juan 3:36a: *"El que cree en el Hijo tiene la vida eterna..."*

Jesucristo quiere enseñarte a vivir en santidad, lejos del pecado, amando a Dios con todo tu ser y sirviéndole conforme al plan maravilloso que él tiene para tu vida.

I Juan 3:9: *"Ningún hijo de Dios sigue pecando, porque los hijos de Dios viven como Dios vive. Así que no puede seguir pecando, porque es un hijo de Dios."*

I Juan 5:17: *"Sabemos que los hijos de Dios no pecan porque Jesucristo, el Hijo de Dios, los cuida, y el diablo no puede hacerles daño."*

5 | ¿Quién me enseñará a caminar en ésta Nueva Vida?

La única manera de permanecer y experimentar esta Vida Nueva es vivir lejos del pecado y para ello necesitamos que Jesucristo habite en nuestro ser. El vendrá a vivir en tu ser ahora mismo, si tú le invitas:

Apocalipsis 3:20: *"He aquí, yo estoy a la puerta y llamo; su alguno oye mi voz y abre la puerta, entraré a él...."*

Jesucristo te pide que le permitas ser el Señor de toda tu vida. Esto significa que ya no andarás mas a tu propia manera, sino que le seguirás y aprenderás a vivir como él. De ahora en adelante Jesús quiere ser tu maestro de vida y que tu seas su discípulo (o su discípula).

Oración para recibir a Jesucristo como Señor:

Señor Jesús te pido que vengas a vivir en mi ser. Te necesito para aprender a vivir en santidad como un hijo (o hija) de Dios. Quiero que me enseñes a ser la persona que tu quieres que sea. Te abro la puerta de mi vida y mi corazón para que de ahora en adelante seas mi Señor, mi maestro y el guía de toda mi vida. Gracias por escuchar mi oración. Ayúdame de ahora en adelante a seguirte y aprender de ti cada día. Amén.

Si hiciste esta oración sinceramente, puedes estar seguro de que Cristo, a través de su Espíritu Santo, ahora mora en tu ser. Paso a paso él te enseñará a pensar como él, a hablar como él y a vivir como él.

Juan 14: 26: *"El Espíritu Santo vendrá y los ayudará, porque el Padre lo enviará para tomar mi lugar. El Espíritu Santo les enseñará todas las cosas, y les recordará todo lo que les he enseñado."*

Pero la buena noticia es que no estarás sólo. Jesucristo fundó la Iglesia, para que todos sus hijos e hijas le adoren, crezcan y le sirvan juntos. Los hermanos y hermanas de la iglesia local somos ahora tu nueva familia espiritual y deseamos ayudarte a crecer como discípulo (o discípula) de Jesús. Jesucristo comisionó a su Iglesia para que sea formadora y multiplicadora de los nuevos discípulos y discípulas de Jesús.

Mateo 28: 19-20: *"Por tanto, id y haced discípulos a todas las naciones, bautizándolos en el nombre del Padre, del Hijo y del Espíritu Santo, y enseñándoles que guarden todas las cosas que os he mandado."*

Un discipulador (o discipuladora) enviado por la iglesia va a acompañarte durante las próximas semanas para estudiar juntos las lecciones de éste libro y guiarte en tus primeros pasos como discípulo/a de Jesús.

Nota:

Los versículos se sido tomados de la versión en Lenguaje Actual (VLA) publicada por Sociedades Bíblicas Unidas, 2000.

Los que llevan (VRV 1995) al final han sido tomados de la Reina Valera publicada por Sociedades Bíblicas Unidas, 1995

Guía para el discipulador

Segunda Sesión.

Materiales:

- *Una copia del libro Nueva Vida en Cristo - Recursos para entregar al discípulo.*
- *Su Biblia*
- *Segunda Sesión completa.*
- *Un programa con las actividades, horarios, cultos y la dirección para que pueda llegar a la iglesia local.*

Metas:

1. **Pregunte** a su discípulo/a cómo ha sido su semana y cómo Dios ha obrado en su vida y su familia. Oren juntos para agradecer y dejar las peticiones del discípulo/a en las manos de Dios.

2. **Revisen** juntos la Segunda Sesión para aclarar dudas, responder preguntas, completar secciones que estén incompletas.

3. **Esta lección** habla de la importancia de caminar junto a otros en la vida cristiana. Usted será el puente entre su discípulo y su familia cristiana en la iglesia local. Hable sobre su testimonio, de cómo le ha ayudado la iglesia en su crecimiento en la fe. (Si tiene fotos del templo y las actividades en un celular o impresas puede mostrarlas). Entregue el programa de las actividades y anímelo/a a

asistir. Ofrezca acompañarle para presentarle a otros hermanos, al pastor y los líderes. Conéctele con una clase y un maestro de Escuela Dominical, y con algún ministerio en la iglesia que pueda suplir algunas necesidades de su discípulo y/o los miembros de su familia.

4. **Asigne** la tarea de lectura para la semana: Unido a la familia de Dios (p. 64).

5. **Recuérdele** completar la Tercera Sesión para la próxima reunión.

6. **Termine con oración** por las metas que el discípulo se ha propuesto.

Segunda Sesión

¡Cristo te ha dado una nueva vida! Ahora...

Estas lecciones bíblicas se han diseñado para ti que has recibido nueva vida en Cristo Jesús, y así ayudarte en los primeros pasos de la vida cristiana. Pero antes de continuar lee en voz alta lo siguiente:

¡Bienvenido a la familia de Dios!

La primer lección que tienes en tus manos te ayudará a comprender la nueva vida que Cristo te ha dado. En las siguientes aprenderás a crecer en tu nueva relación con Dios, por medio de la oración y la lectura de la Biblia. También podrás descubrir el plan maravilloso que Dios tiene preparado para tu futuro y cómo tu puedes involucrarte activamente como seguidor de Jesús en su iglesia y así cumplir con sus propósitos para la humanidad.

Para completar estos estudios necesitarás tener a mano una Biblia y un bolígrafo.

Como nueva criatura en Cristo necesitas aprender a vivir como hijo de Dios. Puedes leer a continuación las seis prácticas que identifican a los cristianos:

Los seguidores de Jesús...

1. Oran
2. Crecen en la lectura diaria de la Biblia
3. Adoran a Dios en la comunión de su pueblo
4. Obedecen a Dios
5. Hablan a otros de Jesús
6. Sirven a Dios con su vida

¡Cristo te ha dado una nueva vida! Ahora...

1 | Eres una nueva criatura

Según 2 Corintios 5:17-18 ¿quiénes son nuevas criaturas?

_____

¿Qué pasó con las "cosas viejas"?

_____

¿De quién proviene todo esto?

_____

Medita en tu experiencia de salvación y responde a las preguntas que siguen:

¿Cuáles son las "cosas viejas" que ya pasaron?

_____

¿Cuáles son las cosas que Dios ha hecho nuevas en tu vida?

_____

Juan 1:12 afirma que gracias a que Dios te ha hecho una nueva persona, has venido a ser...

_____

2 | Tienes una nueva seguridad

Ahora hay alguien que vive en ti, porque tú le has invitado a vivir dentro de tu corazón. De manera que ya no estás sólo.

¿Quiénes son según San Juan 14:23?

_____

¿De qué puedes tener seguridad ahora, según 1 Juan 5:13?

_____

Si murieras en la próximas horas, ¿dónde dice la Biblia que irás según San Juan 14:1-3?

___

3 | Goza de suevas relaciones

La vida cristiana no es una vida solitaria. Algunas personas temen perder a sus amigos y seres queridos por la decisión que han tomado de seguir a Cristo. Aunque esto podría suceder en algunos casos, la Biblia y la experiencia de millones de creyentes afirman que al estar Jesús en su vida le llena con su Espíritu de amor, el cual se debe reflejar en todas sus relaciones.

En San Juan 14:15-17 se dice que el cristiano tiene la presencia de Dios en su vida todo el tiempo. Después de leer este pasaje responde:

¿A quién envió el Padre para que esté siempre con sus hijos?

___

¿ En quiénes puede vivir el Espíritu Santo?

___

¿En quiénes no vive el Espíritu Santo?

___

Leyendo en San Juan 15:11-16 descubrirás que además de Dios, ahora tienes más amigos.

El cristiano tiene una nueva familia en Dios, ¿que se extiende a...? (v.12).

___

El cristiano tiene al mejor amigo que alguien pudiera tener en... (v. 14).

___

El cristiano que ama a Jesús hará lo posible para .... (v. 16).

_____

El Señor Jesús no quiere apartarte de tus amigos y familia. Su voluntad es que ellos puedan ver en ti la nueva vida que Dios te ha dado.

4 | Has experimentado un nuevo crecimiento

Jesús murió para darte nueva vida, una nueva relación con Dios y los demás y para que el Espíritu Santo te guíe paso a paso en el crecimiento. Lee Lucas 14:25-33 donde Jesús habla de cómo han de crecer sus discípulos y responde:

Ser un seguidor de Jesús ¿tiene costo? _____

Según los vv. 27 y 33, ¿qué tres pasos necesitan dar los discípulos de Jesús?

_____
_____
_____

Según los vv. 28-32, ¿a qué compara Jesús el crecimiento en la vida cristiana?

_____

Al edificar una torre o ser líder de un ejército, ¿qué se tiene que hacer primero para no fracasar?

_____
_____
_____

Para crecer como seguidor de Jesús debes estar dispuesto a entregar todo lo que eres, todo lo que tienes y todo tu futuro en sus manos. Si aún quieres seguir siendo su discípulo haz esta entrega en oración.

Nueva Vida en Cristo | 33

Guía para el discipulador

Tercera Sesión

Materiales:
- *Su Biblia*
- *Tercera Sesión completa.*

Metas:

1. **Pregunte** a su discípulo/a cómo ha sido su semana y cómo Dios ha obrado en su vida y su familia. Si visitó la iglesia pregúntele cómo se sintió, cuál fue su experiencia. Oren y agradezcan juntos.

2. **Revisen** juntos la Tercera Sesión para aclarar dudas, responder preguntas, completar secciones que estén incompletas juntos.

3. **Esta lección** habla de cómo crecen los cristianos por medio de la oración y la lectura de la Biblia. Testifique sobre cómo estudiar la Palabra y pasar tiempo a solas con Dios han alimentado su vida. Asegúrese que el discípulo o discípula comprende cómo hacer su devocional diario en el evangelio de Lucas según se explica en la lección. Para ello tenga en cuenta lo siguiente:

4. **Explíquele** cómo usar el libro: Descubriendo a Jesús cada día (p. 74). Este le guiará para hacer su devocional diario durante un mes en

el evangelio de Lucas.

5. **Oriente** al nuevo discípulo/a sobre cómo orar, con palabras sencillas y de la manera en que un niño pequeño habla con su padre.

6. **Recuérdele** completar la Cuarta Sesión para la próxima reunión.

7. **Termine con oración.** Anime a su discípulo/a a orar, poco a poco se irá animando y lo hará con mas soltura y confianza. Es importante que aprenda a orar bien y que la oración se convierta en un hábito para toda su vida cristiana.

Tercera Sesión

¡Cristo te inicia en una nueva relación con Dios!

Este estudio te enseñará cómo crecen los cristianos en su relación con Dios mediante la lectura de la Biblia y la oración. En esta lección encontrarás respuestas a las siguientes preguntas que son comunes a los nuevos seguidores de Jesús:

1. ¿Por qué oran los cristianos?
2. ¿Cómo orar como un fiel seguidor de Jesús?
3. ¿Oró Jesús mientas estuvo en la tierra?
4. ¿Me escucha Dios cuando oro?
5. ¿Por qué debo leer la Biblia cada día?
6. ¿Cómo puedo empezar a leer la Biblia?

Recordemos las seis prácticas que identifican a los seguidores de Jesús:

1. Oran
2. Crecen en la lectura diaria de la Biblia
3. Adoran a Dios en la comunión de su pueblo
4. Obedecen a Dios
5. Hablan a otros de Jesús
6. Sirven a Dios con su vida

¡Cristo te inicia en una nueva relación con Dios!

1 | La oración

"Clama a mí, y yo te responderé, y te enseñaré cosas grandes y ocultas que tú no conoces" (Jeremías 33:3).

La Biblia nos enseña que Dios desea escuchar y ayudar a sus hijos. Ahora que eres hijo de Dios, Él desea que compartas con Él todo lo que hay en ti. De esta manera puedes llegar a Dios libremente a contarle tus sueños, tus metas y tus necesidades. ¿Sabrías como expresar tus necesidades delante del creador del Universo? Jesús conocía mejor que nadie el corazón paciente y amoroso de su Padre para escuchar a sus hijos. El se apartaba frecuentemente para tener un tiempo de oración privada con Dios.

¿A qué hora se levantó Jesús para orar según Marcos 1:35?

Los discípulos fueron testigos de la sabiduría, la fortaleza y el poder que Jesús recibía por medio de la oración. En cierta oportunidad ellos pidieron a Jesús que les enseñara a orar. En esa ocasión, el Señor les dio instrucciones sobre la oración, las que encontramos en Mateo 6:5-13. Lee el pasaje y responde la siguiente pregunta:

¿Qué tipo de oraciones escucha Dios (vv. 7-8)?

En esta oración modelo que Jesús enseñó encontramos algunos propósitos fundamentales de la oración:

A. Adorar y agradecer

Adorar es reconocer la grandeza y la gloria de Dios. Esto lo vemos expresado en el vv. 9 y 13. ¿Qué afirma Jesús al comienzo y al final de la oración?

Muy ligada a la adoración está la gratitud. Jesús enseñó que los hijos de Dios deben ser agradecidos por todas las cosas que reciben del Padre celestial. Esto incluye no sólo lo material, sino también los amigos, la familia, el trabajo, el descanso, y todo aquello que cada día se recibe de su mano.

B. Pedir dentro de la voluntad de Dios

Cuando el cristiano ora, demuestra que quiere vivir cerca de Dios y conocer su voluntad para su vida. Por medio de la oración el creyente conoce más y más a su Padre Celestial y su amor hacia Él crece cada día. Un creyente que no ora diariamente pronto se verá desanimado y no podrá vencer las pruebas y tentaciones. Es por esta razón que muchos fracasan en la vida cristiana.

¿Qué pidió Jesús en su oración según los vv. 11 al 13?

¿Son estos pedidos de Jesús egoístas y centrados sólo en sus deseos personales?

Igualmente el cristiano debe buscar cada día en oración ser guiado por Dios para hacer su voluntad en cada momento (v. 10).

El cristiano tiene también el privilegio de interceder delante de Dios por otras personas. ¿Por quiénes dice que recuerdes orar en Efesios 6:18-20 y 1 Timoteo 2:1-2?

C. Confesión de pecado y perdón de Dios

La palabra "pecado" expresa un hecho, dicho, pensamiento, deseo u omisión de la ley divina conocida. Cuando una persona peca, ofende a Dios y rompe su relación con Él. Necesita pedir su perdón en oración. Jesús enseñó que también sus hijos deben ser misericordiosos y perdonar a aquellos que les ofenden.

Según Mateo 6:12 ¿Qué relación hay entre el trato que una persona da a quien le ofende y el perdón que ésta desea obtener de Dios?

Según Mateo 5:44-45 ¿Qué espera Dios de sus hijos en su relación con los demás?

_____

_____

2 | La Biblia

¿Qué dice la Palabra de Dios acerca de sí misma en 2 Timoteo 3:16?

_____

¿A quién se dirige la palabra de Dios según Mateo 4:4? Señala las respuestas correctas:

_____ Para los expertos.

_____ Para los creyentes.

_____ Para los predicadores.

_____ Para todos, hombres y mujeres.

En los siguientes pasajes descubrirás cómo leer la Palabra de Dios te ayudará a crecer en tu vida cristiana diaria:

Salmos 119:11: _____

Juan 15:3: _____

Hechos 20:32: _____

2 Timoteo 3:15: _____

Un cristiano necesita pasar tiempo a solas con Dios. Comienza apartando un tiempo diario para alimentar tu vida con la Palabra. A esto le conocemos como tu tiempo devocional.

1. **LEE** atentamente entre 5 a 10 minutos, comenzando por el evangelio de Lucas.

Nueva Vida en Cristo | 39

2. **MEDITA** ¿cómo se relaciona lo leído a lo que estás viviendo en este tiempo? En la lectura encontrarás promesas de Dios para ti, mandamientos para obedecer, pecados por los cuales pedir perdón y enseñanza sobre lo que Dios espera de ti.

3. **ORA** según Dios te haya hablado en su Palabra. No olvides los propósitos de la oración estudiados en esta lección: adorar, dar gracias, pedir por tus propias necesidades y las de otras personas, confesar pecados y pedir perdón.

Notas:

Guía para el discipulador

Cuarta Sesión

Materiales:
- *Su Biblia*
- *Cuarta Sesión completa.*

Meta:

1. **Pregunte** a su discípulo/a cómo ha sido su semana y cómo Dios ha obrado en su vida y su familia. Oren juntos.

2. **Pregunte** sobre su tiempo de lectura de la Biblia y oración. Anímele a seguir adelante con éstas disciplinas.

3. **Revisen** juntos la Cuarta Sesión para aclarar dudas, responder preguntas, completar secciones que estén incompletas juntos.

4. **Esta lección** habla de la importancia de dar fruto compartiendo nuestro testimonio con amigos y familiares. Al final de la lección se pide que hagan una lista de los amigos que necesitan a Jesús. Pídale que hable de sus amigos y del porqué necesitan a Jesús. Repasen juntos las 3 tareas para la semana con las que puede ayudar a sus amigos a tener vida eterna. Recomiéndele que estudie la Primera Sesión que incluye la Presentación del Plan de salvación y anímele a compartir este plan con alguna persona en la semana.

5. **Asigne** la tarea de lectura para la semana: Cómo leer la Biblia y aprender de ella (p. 90).

6. **Recuérdele** completar la Quinta Sesión para la próxima reunión.

7. **Termine con oración.** Anime a su discípulo/a a orar, por los nombres de la lista y para tener el valor de compartirles su experiencia.

Cuarta Sesión

¡Cristo tiene un plan maravilloso para tu vida!

Este estudio te enseñará que Dios tiene un maravilloso plan para tu vida y que desea guiarte paso a paso para que camines en él. En este estudio encontrarás respuestas a las siguientes dudas, que son comunes a todos aquellos que han decidido seguir a Jesús:

1. ¿Qué es lo que Dios espera de mí?
2. ¿Cómo sirven a Dios los cristianos?
3. ¿Cómo puedo ayudar a mi familia y amigos a conocer a Jesús?

Recordemos las seis prácticas que identifican a los seguidores de Jesús:

1. Oran
2. Crecen en la lectura diaria de la Biblia
3. Adoran a Dios en la comunión de su pueblo
4. Obedecen a Dios
5. Hablan a otros de Jesús
6. Sirven a Dios con su vida

¡Cristo tiene un maravilloso plan para tu vida!

1 | Dios te creó con un propósito

¿Con qué propósito creó Dios a los seres humanos según se afirma en Génesis 1:26- 31?

Adán y Eva desobedecieron a Dios y se apartaron del plan que Dios tenía para sus vidas, y así todos sus descendientes hasta nosotros. El Antiguo Testamento nos muestra a Dios buscando personas y un pueblo para que vivan dentro de su plan. También envió a Jesucristo para guiar a las personas en el camino de regreso al plan original de Dios. Jesús ilustró este proceso en la Parábola del Sembrador.

2 | Dios quiere ser el labrador de tu vida

Lee Marcos 4:1-20 y responde a las siguientes preguntas:

¿Qué es la semilla en esta enseñanza de Jesús? (v. 14)

¿Qué impide que la planta eche raíces? (vv. 15-16)

¿Qué le ocurre a la semilla que no cae en buena tierra? (vv. 15-19)

Cuando una semilla cae en buena tierra, ¿qué sucede? (v. 20)

¿Qué entiendes por "dar fruto"?

¿Cuánto fruto crees tú que puedes dar?

---

3 | Dios te ha dado una nueva vida para que des fruto

La semilla de la Palabra ha sido sembrada en tu corazón. Ella comenzará a provocar los cambios que sean necesarios para que tu vida sea más agradable a Dios. Haz una lista de estos frutos que Dios producirá en ti, luego de leer Lucas 3:10-14.

Según Mateo 7:17, ¿Qué fruto espera Jesús de los cristianos?

¿Qué puedes hacer para que tus amigos y familiares sepan que ahora eres un seguidor de Jesús?

4 | El fruto que Dios quiere producir en sus hijos es eterno

Todo lo que se hace en esta vida tiene una duración limitada, como por ejemplo: construir una casa, sembrar un árbol, escribir un libro, tener un hijo, cultivar una hermosa relación matrimonial, ser bueno en un arte, deporte o profesión, etc. El único que ofrece algo que no acabará con la muerte es Jesús. La vida que él te ha dado es eterna y ahora quiere usarte para que otros la tengan también.

Lee Juan 15:12-17 y responde las siguientes preguntas:

¿Cuál es el gran mandamiento que dejó Jesús a sus seguidores? (v. 12)

¿Cuál es la mejor forma de demostrar amor a nuestros amigos? (v.13)

¿Qué ejemplo dio Jesús en cuanto a "dar la vida para que otros tengan vida eterna"?

_____

En los vv. 14 y 16 Jesús pide a sus seguidores que se esfuercen en dar frutos. Una manera de hacer esto es compartir con otros la vida eterna que han recibido. ¿Es esto algo opcional o un mandamiento?

_____

¿Qué promesa se encuentra en el v. 16 para todos aquellos que piden a Dios por la salvación de sus amigos?

_____

Escribe el nombre de algunos de tus amigos que necesitan conocer a Jesús:

_____

_____

_____

Tú puedes ayudarles a tener vida eterna en Jesús haciendo lo siguiente:

- **Ora** para que deseen escuchar la Palabra de Dios.
- **Háblales** de lo que Dios ha hecho en tu vida (cómo era tu vida antes, cómo llegaste a ser cristiano y lo que Cristo significa ahora para ti).
- **Invítales** a una reunión de tu grupo de compañerismo o iglesia local, o haz una cita para que escuchen el evangelio en su propio hogar.

Guía para el discipulador

Quinta Sesión

Materiales:
- *Su Biblia*
- *Quinta Sesión completa.*

Metas:

1. **Pregunte** a su discípulo/a cómo ha sido su semana y cómo Dios ha obrado en su vida y su familia. Oren juntos.

2. **Pregunte** sobre su tiempo de lectura de la Biblia y oración. Anímele a seguir adelante con éstas disciplinas.

3. **Pregunte** cómo ha sido su experiencia orando por sus amigos y compartiendo su testimonio y el plan de salvación. Instrúyale sobre cómo invitar éstas personas a una reunión para aprender de Jesús. Luego oren juntos agradeciendo a Dios por lo que ha hecho y lo que hará en las vidas de éstas personas.

4. **Revisen** juntos la Quinta Sesión para aclarar dudas, responder preguntas, completar secciones que estén incompletas juntos.

5. **Esta lección** habla de la importancia de tener comunión, adorar y servir junto a la familia de Dios. Si ya ha visitado a la iglesia, hablen sobre su experiencia y permita que

exponga sus dudas y preguntas. Anímele a asistir regularmente a los cultos y traer a sus amigos y familiares. Anímele a involucrarse en la misión de la iglesia, comparta su propio testimonio sobre cómo el servir a Dios le ha dado un nuevo propósito a su vida. Háblele de los diferentes ministerios de la iglesia y pregúntele en cuál le gustaría involucrarse.

6. **Asigne** la tarea de lectura para la semana: Diccionario para nuevos creyentes (p. 102). Explíquele que este material le ayudará a aclarar dudas sobre las palabras usadas en los cultos y el hablar de la gente en la iglesia.

7. **Recuérdele** completar la Sexta Sesión para la próxima reunión.

8. **Termine con oración.** Anime a su discípulo/a a seguir orando por sus amigos que no conocen a Cristo.

Quinta Sesión

¡Cristo desea hacerte parte de su iglesia!

Este estudio te ayudará a comprender qué es la iglesia y por qué los cristianos se reúnen para adorar y tener comunión con el pueblo de Dios. En este estudio encontrarás respuestas a las siguientes dudas, que son comunes a todos aquellos que han decidido seguir a Cristo:

1. ¿Qué es la iglesia?
2. ¿Para qué se reúnen los cristianos?
3. ¿Por qué es necesaria la unidad en la iglesia?
4. ¿Cuál es la misión de la iglesia?

Recordemos las seis prácticas que identifican a los seguidores de Jesús:

1. Oran
2. Crecen en la lectura diaria de la Biblia
3. Adoran a Dios en la comunión de su pueblo
4. Obedecen a Dios
5. Hablan a otros de Jesús
6. Sirven a Dios con su vida

¡Cristo desea hacerte parte de su iglesia!

La palabra iglesia significa literalmente "asamblea" y aparece unas 109 veces en el Nuevo Testamento, la mayoría de las veces en las cartas de Pablo. En sólo 17 de estos pasajes la palabra iglesia designa a todo el pueblo de Dios, en las restantes referencias describe a una congregación local de discípulos.

1 | La naturaleza de la iglesia

¿Sobre quién está fundada la iglesia según Mateo 16:16-18?

_____

Lee 1 Pedro 2:9-10 y responde: ¿Qué dice Pedro que son los creyentes?

_____

_____

_____

Estos términos describen lo que es la iglesia y significan:

- **Linaje:** familia, raza, estirpe, descendientes.
- **Real Sacerdocio:** sacerdotes que sirven delante del Rey de Reyes (Jesús).
- **Nación Santa:** un pueblo limpio de pecado, que vive conforme a la voluntad de Dios.
- **Pueblo adquirido por Dios:** el pueblo de Dios que ha sido comprado por la sangre de Jesús.

¿Para qué creo Dios a su iglesia, según 1 Pedro 2:9b?

_____

_____

Según 1 Corintios 12:27 y Efesios 5:23, ¿Cuál es la relación de Cristo con la iglesia?

Lee Efesios 5:25-27 y explica con tus propias palabras ¿Cuán importante es la iglesia para Dios y cómo lo ha demostrado?

_____

_____

Nueva Vida en Cristo

2 | La unidad de la iglesia

En San Juan 17 se registra la oración de Jesús por todos sus discípulos antes de entregar su vida en la cruz por ellos. Lee los vv. 20-23 y responde:

¿Por quiénes estaba pidiendo Jesús al Padre?

_____

¿Oró Jesús por ti también?

_____

¿Qué es lo que Jesús pidió al Padre para sus discípulos?

_____
_____

¿Por qué es importante, entonces, que los cristianos se reúnan y desarrollen lazos de amistad?

_____
_____

Lee Hechos 2:43-47 y responde.

¿Es posible ser un discípulo de Jesús sin estar unido a su iglesia?

Si _____   No _____

¿En dónde se reunían los primeros cristianos?

_____

¿Para qué se reunían?

_____

¿Qué ocurría cuando los cristianos estaban juntos?

_____

Investiga en los siguientes pasajes otros propósitos que tienen los cristianos para reunirse:

Efesios 5:18-20: _____

Hechos 1:14 y 12:5: _____

Hechos 2:44-45: _____

3 | La misión de la iglesia

La misión de la iglesia cristiana es su "razón de ser" en el mundo. La misión de la iglesia es la misma misión que tuvo Jesús por medio de su ministerio terrenal y que Él comparte hoy con nosotros como su iglesia en nuestra época y desde el lugar donde vivimos.

Hay dos pasajes claves en el Nuevo Testamento que resumen la misión de Jesús para su iglesia en el mundo. La misión de la iglesia es... según

Mateo 28:19-20: _____

_____

Hechos 1:8: _____

_____

Según Hechos 1:8, ¿Qué necesitamos recibir antes de cumplir nuestra misión como iglesia?

_____

Durante su ministerio con sus 12 discípulos, Jesús les fue enseñando y modelando en diferentes términos la misión que sería de la iglesia. Según los siguientes pasajes, ¿Cuál es la misión de la iglesia, de cada congregación en el mundo?

Mateo 5:13-16: _____

Juan 15:1-5: _____

Nueva Vida en Cristo | 53

Finalmente, aprendemos sobre la misión de la iglesia observando cómo los primeros cristianos, llevaron a cabo su ministerio. Según Hechos 2:42, ¿Qué propósitos eran parte de su misión como iglesia naciente? Ellos perseveraban en:

_____
_____
_____

Según 2 Corintios 5:18-20, ¿Cuál es la misión de la iglesia?
_____

¿A qué nos compara Pablo en el v. 20?
_____

La misión de la iglesia es convertirnos en la clase de iglesia que Dios pueda utilizar para alcanzar a otros para Cristo. Nosotros necesitamos ser fieles discípulos de Cristo por medio del ministerio de la iglesia y ser incorporados en su vida y misión. ¡Qué gran privilegio el nuestro de ser parte activa de lo que Dios quiere hacer en y a través de su iglesia en el mundo!

Es importante que sigas participando de la vida de tu iglesia local.

Notas:

Guía para el discipulador

Sexta Sesión

Materiales:
- *Su Biblia*
- *Sexta Sesión completa.*

Metas del encuentro:

1. **Pregunte** a su discípulo/a cómo ha sido su semana y cómo Dios ha obrado en su vida y su familia. Oren juntos.

2. **Pregunte** sobre su tiempo de lectura de la Biblia y oración. Anímele a seguir adelante con éstas disciplinas.

3. **Pregunte** cómo ha sido su experiencia orando por sus amigos y compartiendo su testimonio e invitándoles a una reunión para aprender de Jesús. Luego oren juntos agradeciendo a Dios por lo que ha hecho y lo que hará en las vidas de éstas personas.

4. **Revisen** juntos la lección 6 para aclarar dudas, responder preguntas, completar secciones que estén incompletas juntos.

5. **Esta lección** habla de la importancia de los sacramentos del bautismo y la cena del Señor para el crecimiento espiritual. Anímele a participar de éstos sacramentos, comparta su propio testimonio sobre cómo el bautismo y

la cena del Señor le han afirmado en su vida y experiencia cristiana.

6. **Invítele** a llenar la tarjeta de Solicitud de bautismo (p. 129) y llévela con usted para entregarla a su líder o pastor.

7. **Termine con oración.** Agradezca a Dios por el tiempo que han compartido y anímelo a continuar con el siguiente nivel de discipulado.

Sexta Sesión

¡Cristo te invita a participar de sus sacramentos!

Este estudio tiene el propósito de ayudarte a comprender la importancia de los sacramentos de la iglesia para tu crecimiento espiritual constante. Algunas de las preguntas que te ayudará a contestar son:

1. *¿Qué es sacramento?*
2. *¿Por qué son dos los sacramentos que celebramos?*
3. *¿Qué es el bautismo y cuál es su lugar en mi compromiso con Cristo y la iglesia?*
4. *¿Qué es la cena del señor?*

Recordemos las seis prácticas que identifican a los seguidores de Jesús:

1. *Oran*
2. *Crecen en la lectura diaria de la Biblia*
3. *Adoran a Dios en la comunión de su pueblo*
4. *Obedecen a Dios*
5. *Hablan a otros de Jesús*
6. *Sirven a Dios con su vida*

¡Cristo te invita a participar de sus sacramentos!

Los sacramentos son símbolos que fueron incorporados como parte de la vida de la iglesia por Jesucristo mismo, quien participó de ellos en su ministerio terrenal. Por esta razón, solo observamos dos sacramentos: El bautismo y la Santa Cena.

Lee Mateo 3:13-17, ¿Quién es bautizado aquí?

_____

¿Qué sucedió y qué decía la voz del cielo inmediatamente después de este bautismo?

_____

_____

En Lucas 22:14-16, ¿Quién dirigió esta cena?

_____

¿Quiénes más participaron de la cena y cuál fue el mensaje que se dio al comienzo de esta cena?

_____

_____

_____

Es muy importante tu participación en los sacramentos para tu continuo crecimiento espiritual por que por medio de los sacramentos nos unimos como iglesia y recibimos la gracia de Dios y testificamos al mundo de su amor.

Actualmente, en la iglesia participamos de los sacramentos al ser ministrados por un pastor o ministro debidamente calificado. La Santa Cena se puede celebrar las veces que se desee.

1 | El bautismo en agua

El bautismo en agua es una ceremonia de iniciación y es un testimonio público del perdón de nuestros pecados por el cual afirmamos nuestra muerte y vida juntamente con Cristo (Romanos 6:3-5).

¿Qué dice Mateo 28:19 respecto al bautismo?

_____

_____

Note que es un mandato, no una sugerencia, directamente de parte de Jesús. Según Hechos 2:38, ¿Cuál fue el requisito para que las personas fueran bautizadas?

_____

Según Hechos 8:36-38, ¿Cuál fue la condición que Felipe puso antes de bautizar al eunuco?

_____

¿Qué hizo Pedro con los nuevos convertidos de Cesarea, según Hechos 10:47-48?

_____

A raíz del bautismo de Lidia y su familia, ¿Qué le pidió ella a Pablo y a sus acompañantes según Hechos 16:14-15?

_____

Según Hechos 18:8, ¿Qué sucedió con todas estas personas luego de creer?

_____

La palabra "bautismo" literalmente significa sumergir, teñir, templar, zambullir, rociar y lavar. Por lo menos reconocemos tres formas en el Nuevo Testamento: inmersión (ser totalmente sumergido en agua), aspersión (rociamiento de agua) y afusión (derramamiento de agua sobre la cabeza). ¿Cuál de las tres formas pudieran haberse usado en los siguientes casos?:

Marcos 1:9-11: _____

Hechos 9:17-18: _____

Hechos 16:29-33: _____

Finalmente, ¿A cuál otro bautismo apunta el bautismo en agua según Mateo 3:11 y Hechos 1:5?

_____

2 | La Santa Cena

La Santa Cena, fue instruida por el Señor mismo y es una ceremonia de comunión y renovación constante para sus discípulos. A continuación algunos elementos significativos de la Santa Cena:

Según Mateo 26.26-28, ¿Qué simboliza el pan y la copa?

De acuerdo con 1 Corintios 11:26 al tomar los elementos de la Santa Cena, ¿Qué estamos haciendo y hasta cuándo?

Marcos 14:24 nos señala que la copa que simboliza la sangre derramada por Cristo nos hace partícipes de…

El nuevo pacto se refiere a una nueva relación que ahora podemos tener con Dios por medio de la muerte y resurrección de Cristo, una relación íntima de amor como hijos de Dios.

¿Qué hizo Jesús inmediatamente después de tomar el pan y la copa según Lucas 22:17 y 19?

¿Qué esperanza futura nos da Lucas 22:18 en la Santa Cena?

Al igual que Lucas 22:19, 1 Corintios 11:24-25 nos anima a que al celebrar la Santa Cena lo hagamos en…

El tomar la Santa Cena en memoria de Él es darnos cuenta que el Señor revive esta experiencia con sus discípulos haciéndose presente no en los elementos sino entre Su iglesia.

Finalmente, ¿Qué oportunidad nos da la cena del Señor para nuestro crecimiento espiritual reflejada en 1 Corintios 11:28 y 31?

_____

_____

Si has recibido el perdón de tus pecados, es importante que a la brevedad llenes la solicitud de bautismo y se la entregues a tu discipulador/a para que seas considerado para el bautismo en agua. Igualmente, te animamos a participar mas significativamente en la cena del Señor cada vez que se celebre.

Guía para el discipulador

Preparación para bautismo y celebración de culminación del primer nivel de discipulado etapa B.

Luego de transcurridas las 6 semanas, hay que preparar el tiempo de bautismo y recepción de los nuevos discípulos en la familia de la iglesia local. También es importante celebrar una ceremonia de culminación de los estudios, que puede hacerse en el mismo culto o separadamente (p. 131). (La celebración de culminación de estudios es muy importante en cada nivel/etapa de discipulado). Lo más recomendable es no retrasar más de 2 semanas el tiempo de bautismo, para que los discípulos y discípulas que culminaron este libro puedan continuar al siguiente nivel de la etapa B con el libro "Claves para la vida cristiana abundante".

Entre la culminación de la sexta sesión (semana 6) y el culto de bautismo es recomendable organizar una reunión con todos los discípulos y discípulas para tener un tiempo de compañerismo y preparación o ensayo para el sacramento del bautismo.

Oramos para que el Señor bendiga en gran manera su vida mientras emprende esta preciosa aventura de fe juntamente con su nuevo hermano o hermana en Cristo, y que ambos puedan crecer en experiencia, conocimiento y compromiso con el Señor Jesucristo y su iglesia.

UNIDO A LA FAMILIA DE DIOS

David González Pérez

Introducción

Dios creó el universo perfecto, leemos en el libro de Génesis que lo que Dios hizo fue "bueno en gran manera". Pero a pesar de ser perfecto, el hombre consideró que para él no era lo suficientemente bueno, y quiso hacer su propio mundo, su propia sociedad. Y lo logró. Sin embargo, las consecuencias no se hicieron esperar, desde entonces existen un sin fin de problemas, enfermedades, pleitos, divisiones, guerras, dolor y finalmente, la muerte.

A partir de ese entonces, el mundo pide a gritos una sociedad mejor, la esperanza de una vida mejor; y ese ha sido el propósito de Dios, aun cuando el hombre la haya rechazado en un inicio. El propósito redentor de Dios incluye la creación de una nueva humanidad, que acepte el plan original de vivir en comunión con Él y aceptar su señorío. Una nueva sociedad para la cual no exista separación entre las personas por diferencias raciales, de sexo, clase social, nacionalidad o de cualquier otra clase.

Muchos pensarán que esto es sólo un sueño, pero no, es una realidad que Dios hace posible mediante su Iglesia.

Así es, la Iglesia es el pueblo de Dios, que mediante el sacrificio de Jesús en la cruz puede vivir en armonía con Él, que ahora tiene vida y representa para la humanidad una luz que le da esperanza de una nueva sociedad.

Bienvenido al Hogar

Cuando aceptamos a Jesús como nuestro Salvador, somos integrados a una nueva familia, la "familia de Dios". Este es uno de los grandes regalos que recibimos. Ahora tenemos un Padre Celestial y un gran número de hermanos y hermanas en Cristo. Si eres el único cristiano en tu familia terrenal, no debes sentirte solo pues tienes una gran familia espiritual. El apóstol

Pablo en Efesios 2:19 dice: *"Por eso, para Dios ustedes ya no son extranjeros. Al contrario, ahora forman parte del pueblo de Dios y tienen todos los derechos; ahora son de la familia de Dios"*. La familia a la que perteneces es la Iglesia.

¿Qué significa la palabra iglesia?

Hay mucha confusión respecto al significado de la palabra "iglesia". Algunos dicen "vamos a la iglesia" refiriéndose al lugar o edificio donde se reúnen los cristianos. Cuando la Biblia utiliza la palabra iglesia se refiere a las personas que han recibido nueva vida en Cristo, es decir, a los hijos de Dios.

Por lo tanto, la iglesia no es el lugar o edificio en el que se reúnen los creyentes para dar culto a Dios, sino el grupo de personas que han creído y aceptado a Jesucristo como su Señor y Salvador.

La palabra iglesia significa sencillamente "asamblea" o "cuerpo de llamados". En la época de los primeros cristianos, la sociedad en general utilizaba esta palabra para referirse a una asamblea pública de ciudadanos debidamente citada; y los escritores del Nuevo Testamento la comenzaron a utilizar para referirse a los seguidores del Señor Jesucristo. Precisamente, esto último es lo que hace muy diferente a la iglesia de cualquier otra comunidad u organización, seguimos y somos hijos de un Dios vivo, por lo tanto, la iglesia es un organismo "vivo".

La Biblia dice que la iglesia es el Cuerpo de Cristo y todos los que hemos aceptado el llamado a ser seguidores de Jesús formamos parte de ese cuerpo, y Cristo es la Cabeza de este cuerpo.

Por otro lado, cuando hablamos de iglesia podemos estar refiriéndonos a una congregación o grupo de creyentes de cierta comunidad, (llamada también "iglesia local"); a un grupo de creyentes que se reúnen en una casa u otro lugar, o a la "Iglesia universal", que es la suma de todos los creyentes alrededor del mundo, incluyendo los que ya han muerto, cuyos nombres están escritos en el libro de la vida eterna (Filipenses 4:3). La iglesia es entonces tanto local como universal. En el propósito de Dios existe una sola Iglesia, una sola reunión de todos los creyentes bajo la Cabeza que es Cristo. Pero en la tierra existe de muchas formas, y se manifiesta dondequiera que se reúne un grupo de creyentes en el nombre de Jesucristo.

La Iglesia del Nazareno es parte de esta gran Iglesia universal, y particularmente, está compuesta de *"aquellas personas que voluntariamente se han asociado de acuerdo con las doctrinas y gobierno de dicha iglesia, y que buscan la santa comunión cristiana, la conversión de los pecadores, la entera santificación de los creyentes, su edificación en la santidad y la simplicidad y poder espiritual manifestados en la iglesia primitiva del Nuevo Testamento, junto con la predicación del evangelio a toda criatura."* (Manual de la Iglesia del Nazareno, p.35)

¿Cómo nace la iglesia?

El propósito por el cual Dios creó al hombre y la mujer fue el de vivir en una relación perfecta con ellos. Sin embargo, los seres humanos decidieron darle la espalda a Dios, tomar su propio camino y ser enemigos de su Creador. Este intento de convertirse en sus propios dioses, rechazando la soberanía de Dios sobre sus vidas, los llevó a una vida de esclavitud bajo el dominio del pecado y de todas sus consecuencias, incluyendo la muerte y el sufrimiento eterno, lejos de la presencia de su Creador. A pesar de esto, la Biblia nos dice, que Dios tomó la iniciativa y en su gran amor ha buscado por todos los medios libertar al hombre de la esclavitud del pecado.

Dios formó un pueblo para que anunciara al mundo su amor, misericordia y salvación. Esa fue la razón por la que buscó y llamó a Abraham (Génesis 12:1-9); para levantar por medio de él, una gran nación que anunciara las buenas noticias de que hay salvación del pecado y sus horribles consecuencias a todos los pueblos de la tierra. Con el tiempo, los descendientes de Abraham llegaron a convertirse en la gran nación de Israel, pero lamentablemente ésta se apartó del propósito para el cuál Dios la formó. Para ayudarlos, Dios envió entonces a sus siervos los profetas, quienes anunciaron que Dios formaría en el futuro un nuevo pueblo que le sirviera. Ese pueblo es la Iglesia que fundó nuestro Señor Jesucristo (1 Pedro 2:9-10).

La iglesia proviene entonces del corazón de Dios. Él envió

a su Hijo Jesucristo para derramar su vida en sacrificio y así constituirse en el Señor y dueño de la iglesia. Es hermoso saber que el amor de Dios por cada uno de nosotros es la razón por la que Él entregó a su propio Hijo para morir en la cruz. Y así como el Padre dio a Jesucristo; Jesucristo mismo se dio por la iglesia, *"para hacerla suya, limpiándola por medio de su mensaje y del bautismo"* (Efesios. 5:25-26). Al haber sido comprados por la sangre de Jesús y recibirlo como Salvador, le pertenecemos, Dios es el Dueño y Señor de nosotros, su iglesia (1 Corintios 6:20).

El momento histórico que se marca como el lanzamiento de la Iglesia cristiana al mundo es el día de Pentecostés (Hechos 2). La iglesia inició su ministerio bautizada con el poder del Espíritu Santo (San Juan 16:5-16).El Espíritu de Dios da poder a la iglesia para vivir en obediencia a la Palabra de Dios y cumplir con los propósitos para los cuales fue puesta en este mundo.

La unidad de la iglesia

La iglesia es el Cuerpo de Cristo. Pablo afirma en 1 Corintios 12:27 *"...cada uno de ustedes es parte de la iglesia, y todos juntos forman el cuerpo de Cristo."* También afirma en Colosenses 1:18, *"... y él gobierna a su iglesia y le da vida. Él es la cabeza y la iglesia es su cuerpo."* Cristo es la cabeza, no sólo en el sentido de ser quien le da origen y vida a la iglesia, sino también por el hecho de ser quien la gobierna y guía. Por lo tanto, si estamos unidos a Cristo, también estamos unidos los unos a los otros y tenemos responsabilidad los unos por los otros.

Esta comparación entre la iglesia y el cuerpo humano nos ayuda a comprender claramente la gran diversidad que existe entre las personas que la componen. Las manos desarrollaron su propia función; un pie trabaja en coordinación con el otro; los ojos, los oídos, la boca, todas las partes cumplen una función importante y dependen para su supervivencia las unas de las otras. Todas las partes del cuerpo conviven sin querer alguna ser más que la otra.

De la misma manera, los miembros del cuerpo de Cristo tenemos que respetarnos y aceptarnos el uno al otro, ayudándonos y buscando el crecimiento común.

Por otro lado, cuando decimos que la iglesia es solo un cuerpo, caemos en cuenta de que la iglesia no debe considerarse sólo como un grupo numérico de creyentes o grupitos de creyentes aislados. La iglesia es una comunidad unida que se congrega para adorar. La iglesia comparte lazos comunes de vida espiritual, sufrimiento, compromiso, creencia y servicio. Cada grupo local de creyentes conforma una iglesia local.

Cristo es el que da el crecimiento a la iglesia conforme los miembros cooperan. Él "es quien va uniendo a cada miembro de la iglesia, según sus funciones, y que hace que cada uno trabaje en armonía, para que la iglesia vaya creciendo y cobrando más fuerza por causa del amor" (Efesios 4:16).

Jesucristo quiere que la iglesia esté unida (Juan 17:21). Esto no requiere una fusión de todas las iglesias o grupos locales, sino surgiere la existencia de un propósito común. Podemos tener una verdadera unidad sólo si nos acercamos a Cristo, predicamos su evangelio y vivimos como él viviría en nuestro lugar.

El Propósito de la existencia de la iglesia en el mundo

Si la iglesia es una creación divina, fundada por Cristo y compuesta por todos los que han recibido nueva vida en Cristo, entonces ¿para qué fue creada?

La Biblia nos enseña que Dios ha dado a su pueblo capacidades especiales llamadas también dones. Éstos los ha dado con el fin de que su pueblo realice un servicio especial o propósito para el cuál Dios lo ha llamado. El propósito de Dios para su iglesia se encuentra resumido en El Gran Mandamiento y La Gran Comisión (Mateo 22:37-40; 28:18-20).

Este se puede dividir en cinco áreas: adoración, comunión, evangelismo, discipulado y entrenamiento para el servicio. Veamos en qué consiste cada área de este propósito:

Adoración

Dios busca personas que le adoren (Juan 4:23), que lo amen sobre todas las cosas (Mateo 4:10). Todo lo que hacemos, ya sea en forma individual o como iglesia, debe ser un acto de adoración, donde Dios pueda mostrar su gloria al mundo (1 Corintios 10:31). Dios nos ha llamado a ser "sacrificio de alabanza" (Hebreos 13:15). La Biblia nos instruye a hablar entre los creyentes *"con salmos, himnos y canciones espirituales"* (Efesios 5:19). Cuando nos reunimos como iglesia, oramos y escuchamos la Palabra de Dios. Estas son formas de adoración. También adoramos al participar juntos de la Cena del Señor y del bautismo de los nuevos creyentes.

Comunión

La palabra comunión significa compañerismo. Jesús llama a sus discípulos "amigos" (Juan 15:14). Precisamente esta relación de amistad con Jesús es la que hace que la iglesia sea una comunidad de amor y cuidado. Una comunidad que está dispuesta a compartir los unos con los otros. El amor de los unos por los otros debe ser la marca distintiva de la iglesia (Juan 13:35).

Evangelismo

Dios nos ha salvado *"para que proclamemos las obras maravillosas de Aquel que nos llamó de las tinieblas a su luz admirable"*. (1ª Pedro 2:9). Evangelio significa el anuncio de las buenas noticias de la salvación que Dios ha provisto en Cristo. Las personas que no pertenecen aún al pueblo de Dios tienen muchas necesidades de todo tipo y no debemos ignorarlas. Pero la necesidad más grande que tienen las personas es la de oír el evangelio y de aceptar las buenas nuevas de salvación. La gente necesita más que nada tener un encuentro cara a cara con el amor de Dios. Necesita tener a Dios en su vida. Como iglesia de Cristo, nuestro principal servicio al mundo es predicar las buenas noticias de salvación. Ninguna otra organización hace esta obra. Ésta es la misión exclusiva de la iglesia. Todos los creyentes debemos involucrarnos en el evangelismo. Algunos lo harán invitando a sus conocidos a la iglesia o a su casa a estudios bíblicos, células de oración, grupos familiares. Otros pueden evangelizar testificando lo que Dios ha hecho en su vida. Otros lo hacen predicando las buenas nuevas. Otros contribuyendo con finanzas como regalo de amor a Dios. Otros presentan las buenas nuevas regalando ropa o alimentos o cuidando de los enfermos. Algunos lo hacen a través de la música y otros ministerios en la iglesia. Esto debemos hacerlo unidos, como el cuerpo de Cristo. Al participar y estar unidos, Dios hará que muchos sean salvos y su iglesia crecerá (1 Corintios 3:5-9; Efesios 4:16).

Discipulado

La enseñanza a los nuevos creyentes es el núcleo de la Gran Comisión que el Señor Jesús encargó a todos sus seguidores: *"...enseñándoles a obedecer todo lo que les he mandado a ustedes"* (Mateo 28:20). Cada miembro de la iglesia es responsable de compartir lo que ha aprendido con otro (1 Corintios 14:31; 1 Tesalonicenses 5:11; Hebreos 10:25). Una forma en que se enseña es a través de grupos pequeños de estudio bíblico, que proveen un ambiente excelente para este ministerio (servicio) mutuo.

El apóstol Pablo se refiere a la enseñanza cuando afirma que debemos "edificar la iglesia" (1 Corintios 14:12). Esto lo hacemos cuando nos reunimos, cuando nos animamos, cuando nos consolamos los unos a otros (v. 3). Todas las reuniones de la iglesia deben ser para edificación (v. 26). En la iglesia todos somos discípulos. Un discípulo es una persona que aprende y aplica la Palabra de Dios a su vida diaria. La iglesia primitiva era reconocida en la comunidad en que vivían porque *"se mantenían firmes en la enseñanza de los apóstoles, en la comunión, en el partimiento del pan y en la oración"* (Hechos 2:42).

Entrenamiento para el servicio

El segundo mandamiento más grande es el de amar al prójimo (Mateo 22:39). Pablo escribe: *"Siempre que nos sea posible, hagamos el bien a todos, y en especial a los de la familia de la fe"* (Gálatas 6:10). Nuestro deber cristiano es ayudar a las personas en sus necesidades. Ayudar a los que están cerca de nosotros, como nuestra familia en la carne y los hermanos de la familia de Dios, como a aquel que vive en el lugar más alejado del mundo. Es por eso que todos los cristianos debemos capacitarnos para hacer un buen uso de las capacidades y talentos que Dios nos ha dado. Es responsabilidad de la iglesia capacitar a todos los creyentes para que puedan involucrarse activamente en el ministerio al cuál Dios los ha llamado y capacitado con dones del Espíritu. Todo cristiano tiene una vocación en Cristo y un llamado al servicio (Mateo 28:18-20).

¿Por qué necesitamos pertenecer a una iglesia local?

Muchas personas se llaman cristianas pero no quieren ser parte de alguna iglesia. Estas personas se engañan a sí mismas puesto que el Nuevo Testamento presenta claramente que los cristianos necesitan reunirse o congregarse (Hebreos 10:25).

El apóstol Pablo anima repetidamente a los cristianos a tener compañerismo, a alentarse y tener amistad los unos con los otros. Esto es casi imposible si los creyentes no se reúnen (Romanos 12:10; 15:7; 1 Corintios 12:25; Gálatas 5:13; Efesios 4:32; Filipenses 2:3; Colosenses 3:13; 1 Tesalonicenses 5:13). En la iglesia encontramos un lugar donde aprender a servir.

Otra razón por la que necesitamos pertenecer a una iglesia local es porque ella nos da un sentido de pertenecer a un grupo que nos apoya y nos ayuda a permanecer en la verdad bíblica y así no ser arrastrados por ideas extrañas. En la iglesia aprendemos verdades que de otra manera no aprenderíamos por nosotros mismos. En la iglesia, también recibimos consejos prácticos y valiosos para enfrentar situaciones difíciles de la vida.

El ser parte de una iglesia nos permite recibir el cuidado de pastores y hermanos en la fe. Ellos se preocupan por nuestro progreso y perseverancia en la vida y el discipulado cristiano. Recordemos que hemos iniciado una nueva vida espiritual y necesitamos crecer día a día. Al ser nuevos creyentes requerimos de cuidado y atención según nuestras necesidades. Es por eso que cada una de las reuniones y ministerios de la iglesia son instrumentos que Dios usa para ayudarnos en nuestra vida.

Sin embargo, la razón más importante por la que cada creyente debe participar en una iglesia local es porque la iglesia lo necesita. El nuevo creyente se afirma en su vida cristiana a medida que se involucra más y más en los ministerios de la iglesia. Cuando los creyentes no se involucran en el trabajo de la iglesia, el crecimiento saludable de la iglesia sufre gravemente en todas las áreas (1 Corintios 12:4-7).

Estos regalos de amor a la iglesia son parte de nuestra adoración a nuestro Dios, al compartir con otros de los mucho que Él nos ha dado.

La iglesia es una familia en donde nos ayudamos unos a otros. Y en esa ayuda mutua tenemos el privilegio de servir a Dios con todo lo que somos y con todo lo que Él nos ha dado.

¿Por qué se reúnen los cristianos el día domingo?

Desde los tiempos de la creación del mundo los creyentes guardaban un día de la semana, conforme al mandato de Dios para dedicarlo al descanso, la adoración y el aprendizaje de la Palabra de Dios. Este día era el sábado, llamado también día de reposo. Dios ordenó esto porque Él descansó de toda la obra que había hecho en la creación el séptimo día (Génesis 2:2-3).

En el cuarto de los Diez Mandamientos Dios manda: *"Acuérdate del día de reposo para santificarlo".* El descanso establecido por Dios tiene un valor sagrado. Dios invita a las personas no sólo a descansar físicamente, sino a descansar "en el Señor". Se descansa en el Señor alabándolo, dándole acción de gracias y teniendo intimidad de amor con Él.

Los cristianos del Nuevo Testamento celebraron la resurrección del Señor Jesucristo un día domingo (Juan 20:26; Hechos 20:7; 1 Corintios 16:2, Apocalipsis 1:10). Esta celebración tomó el lugar del descanso del Sábado. Ahora al domingo se le llama "el día del Señor". Fue así como el domingo empezó a marcar el ritmo de la vida de los cristianos. Los primeros cristianos dedicaron específicamente el primer día de la semana para adorar al Señor y tener comunión los unos con los otros y participar juntos adorando a Dios como pueblo.

Es por eso que el domingo es el día en que el seguidor de Jesucristo está llamado a recordar la salvación que ha recibido gracias al sacrificio de Jesús. Esa es la razón de celebración para el cristiano. Y no es sólo el recuerdo de un acontecimiento que sucedió hace mucho tiempo, sino la confianza de que el Jesucristo resucitado está entre sus discípulos, *"porque donde están dos o tres reunidos en mi nombre, allí estoy yo en medio de ellos"* (Mateo 18:20) y que vendrá a reunirse con ellos para siempre (Mateo 28: 20).

¿Cómo puedo afiliarme a una iglesia?

La iglesia de Cristo se compone de todas las personas que han recibido nueva vida en Cristo Jesús. Por lo tanto, para poder ser parte de la iglesia necesitamos nacer de nuevo, confesar y arrepentirnos de nuestros pecados, aceptar a Cristo como nuestro Salvador personal y reconocerle como nuestro Señor.

Para ser miembro de una Iglesia del Nazareno debemos declarar públicamente la experiencia de nuestra salvación, creer firmemente en las verdades bíblicas que la iglesia enseña, así como comprometerse a participar activamente en los ministerios de ella junto a sus líderes y pastores.

Conclusión

Piense en un niño que desde pequeño ha vivido sin el cariño de sus padres, tal vez buscando cada día en dónde pasar la noche, muchas veces sin algo que comer. Y de pronto, un día "aparece" en su vida un hombre que le dice: "Ven conmigo, quiero proveerte un hogar, un lugar en el cual tendrás el amor de un padre y el cariño de muchas personas que como tú, sufrieron por mucho tiempo, pero que hoy disfrutan de protección, de un lugar donde dormir, de alimento, de cariño… de una familia.

Posiblemente si usted fuera ese niño, no podría creerlo, no le sería fácil comprender por qué alguien haría esto por usted gratuitamente. Sin embargo, es verdad, ese es el plan de Dios para su vida: *"Dios nos amó tanto, que decidió enviar a Jesucristo para adoptarnos como hijos suyos, pues así había pensado hacerlo desde un principio"* (Efesios 1:4-6).

Ser miembro de la familia de Dios es un gran privilegio y un regalo que no merecemos. Pero al recibirlo tenemos el compromiso de atraer a todos cuanto podamos a nuestra nueva familia, la iglesia. Esto lo hacemos en compañerismo con el cuerpo de Cristo y en el poder del Espíritu Santo.

Bibliografía

Iglesia del Nazareno, <u>Manual 2009 / 2013.</u> CNP: Lenexa, KS, USA, 2010.

DESCUBRIENDO A JESÚS CADA DÍA
31 devocionales para nuevos creyentes sobre el evangelio de Lucas

Christian Sarmiento
Mónica E. Mastronardi de Fernández

Lucas 1:1-25   Día 1

"Ambos eran justos delante de Dios, y andaban irreprensibles en todos los mandamientos y ordenanzas del Señor." - Lucas 1:6

Este pasaje relata el ejemplo de Zacarías y Elizabeth que:

1. Eran justos delante de Dios. Dios te ha hecho justo. Cuando El nos hace justos (justifica), nos limpia de pecado. Ahora eres una persona diferente. Dios ha limpiado tus pecados por medio de la sangre de Cristo. Algunos de nuestros conocidos que no son cristianos no entienden esto y posiblemente tratarán de que vuelvas a los pecados del pasado. Pero en Cristo somos justos aun cuando otros no nos entiendan.
2. Andaban irreprensibles en todos los mandamientos y ordenanzas. Eran obedientes a Dios. Por medio de la lectura y comprensión de la Palabra de Dios, nosotros podemos vivir en obediencia y ser ejemplo para otras personas.

Examínate
¿Deseo de todo corazón crecer en la nueva vida que Cristo me ha regalado? ¿Estoy apartando tiempo cada día para la lectura de la Biblia y la oración?

Ora
Padre, ayúdame a perseverar en la lectura de tu Palabra y con la ayuda del Espíritu Santo y de mis líderes en la iglesia aprender a ponerla en práctica en todas las áreas de mi vida.

Lucas 1:26-56 Día 2

"Entonces María dijo: He aquí la sierva del Señor; hágase conmigo conforme a tu palabra..." Lucas 1:38

1. Dios tenía un plan para la vida de María. María fue escogida por Dios para un propósito especial. Dios pudo realizar su propósito en María porque ella fue sumisa y obediente a la voluntad de Dios. Ella puso su vida en las manos del Señor incondicionalmente. Ella no pidió dinero, fama, poder o cualquier otro beneficio personal a cambio de su obediencia al Señor.

2. Dios tiene un propósito para tu vida. Dios tuvo un plan para la vida de María. Él tiene un propósito para cada persona. Al colocar incondicionalmente tu vida en las manos de Dios. Él realizará sus propósitos en ti. En los planes que Dios tiene para ti, Él te bendecirá a la vez que bendecirá a otros a través de ti.

Examínate
¿Estoy dispuesto a seguir el plan que Dios ha preparado para mi vida?

Ora
Señor, haz de mi un discípulo dispuesto a servirte en todo lo que pidas de mi. Gracias por preparar un plan para que mi vida sea de bendición a otros.

Lucas 1:57-80 Día 3

"Al momento fue abierta su boca y suelta su lengua, y habló bendiciendo a Dios." Lucas 1:64

1. Zacarías tenía muchas razones para alabar a Dios. Dios le había dado un hijo a su esposa estéril en la ancianidad. Dios reveló a Zacarías el plan especial que Él tenía para su hijo Juan. Juan el Bautista preparó el corazón de las personas para la llegada de Jesús el Salvador. Dios castigó a Zacarías por no creer el milagro de Dios. Zacarías estuvo mudo por nueve meses. Ahora, Dios lo había sanado y podía contar las maravillas de Dios a muchos.

2. Tu tienes motivos para alabar a Dios. Dios te ha dado una vida nueva en Cristo Jesús. Esa es LA BUENA NOTICIA que tu puedes comenzar a compartir con otras personas. Las bendiciones que recibimos de Dios son para compartirlas con todos. El evangelio es LA BUENA NOTICIA que hay vida eterna en Cristo Jesús. Todos los que tu conoces necesitan escuchar de ti el evangelio.

Examínate
¿Cuántos motivos tengo en este día para alabar a Dios?

Ora
¡Señor te alabo por lo bueno que has hecho en mi vida! Ayúdame a compartir esta buena noticia con todos mis amigos y familiares.

Lucas 2:1-52   Día 4

"Pero el ángel les dijo: No temáis; porque he aquí os doy nuevas de gran gozo... que os ha nacido hoy, en la ciudad de David, un Salvador, que es Cristo el Señor." Lucas 2:10-11

1. Tenemos un Salvador. Jesús vino a salvarnos de nosotros mismos, perdonándonos de nuestro pecado. El vino a salvar nuestros hogares, a nuestros familiares, y a nuestros amigos. ¡El es el Salvador del mundo!

2. Jesús es Cristo y Señor. La palabra Cristo señala al libertador enviado por Dios. El es nuestro libertador. Esto es una gran noticia que trae alegría al corazón. En Cristo hay esperanza. Cuando Cristo venga por segunda vez no habrá dolor ni tristeza. Estaremos eternamente con Él. ¡Esa es nuestra esperanza!

La palabra Señor significa dueño, el que tiene el control. Lo mejor que alguien puede hacer es darle a Jesús el control de su vida. Entonces Él nos guiará paso a paso en todas nuestras decisiones. Esto traerá gloria a Dios y otros querrán tener la vida y la salvación que nosotros gozamos.

Examínate
¿Estoy permitiendo que Cristo sea mi Señor de todas las áreas de mi vida?

Ora
Gracias Padre mío por enviar a tu Hijo Jesús a este mundo para ser mi Salvador y mi Señor. Te cedo hoy el control total de mi vida.

Lucas 3:1-38   Día 5

"También Jesús fue bautizado... y vino una voz del cielo que decía; Tú eres mi Hijo amado; en ti tengo complacencia." Lucas 3:22

El bautismo es el testimonio público de lo que Dios ha hecho en nuestra vida. Los cristianos se bautizan porque este fue un mandamiento del Señor Jesús. Al bautizarnos estamos afirmando que deseamos comenzar a vivir como discípulos de Cristo.

1. Eres un hijo amado de Dios. Ahora puedes acercarte a Dios en oración con la misma confianza con que un hijo se acerca a un padre que le ama. Las únicas personas que tienen el derecho de llamar a Dios Padre son aquellas que han aceptado a Cristo como su Salvador personal.

2. El Padre se complace de tenerte a ti como hijo. Cuando una persona se arrepiente de sus pecados y vive en Cristo Jesús, Dios se alegra y se siente satisfecho con su nuevo hijo.

Examínate
¿Experimento en mi vida el gozo de ser un hijo amado por Dios? ¿Deseo ser bautizado como Jesús para demostrar mi deseo de ser su discípulo?

Ora
Señor, mi deseo es seguirte por medio del bautismo.

Lucas 4: 1-14   Día 6

"Jesús lleno del Espíritu Santo...era tentado... Y Jesús volvió en el poder del Espíritu a Galilea." Lucas 4:1, 2, 14

Ser tentado es algo normal. Todo ser humano, incluyendo nuestro Señor Jesucristo fue tentado. Su estrategia para vencer la tentación fue rechazarla de inmediato. Por lo tanto, es válido preguntarse ¿Cuál es la clave para vencer la tentación?

No es nuestra disciplina, ni nuestra fuerza de carácter. Tarde o temprano, la tentación vence nuestra limitación humana. No es la educación. Nada que hagamos en nuestra propia fuerza nos puede garantizar victoria ante la tentación. La Palabra de Dios nos enseña que debemos huir de la tentación. El cristiano debe alejarse de pensamientos, lugares, entretenimientos y situaciones que representen una tentación. Pero no puede hacerlo sin la ayuda de Dios.

Lo único que puede garantizarnos la victoria es la llenura del Espíritu Santo. Él es una persona que ahora vive en ti. Tu necesitas depender del Espíritu Santo para vencer las tentaciones y tener una vida victoriosa.

Examínate
¿Cuáles son las tentaciones que me acosan?

Ora
Señor lléname de tu Espíritu Santo y ayúdame a vencer las tentaciones que me acosan. Dame la fuerza de voluntad de alejarme de lo que no te agrada.

Lucas 4: 14-44 Día 7

"Y se admiraban de su doctrina, porque su palabra era con autoridad." Lucas 4:32

¿Porqué decía la gente que Jesús hablaba con autoridad? No porque el gritara o impusiera su punto de vista. No porque obligara por la fuerza a que obedecieran a sus palabras.

La autoridad de Jesús residía en que hablaba con la verdad. La verdad está en las Escrituras. Jesús presentó las Escrituras del Antiguo Testamento para enseñarles a los suyos sobre quién era Él.

Jesús es el cumplimiento de las promesas del Antiguo Testamento. Jesús es la prueba viviente de que podemos confiar plenamente en las promesas de la Palabra de Dios, pues Dios no miente, ni se retracta de sus promesas. Jesucristo es la Palabra viviente de Dios. Él es la roca más segura en la cuál podemos anclar nuestra vida.

Examínate
¿En que o quien tengo puesta mi confianza hoy? En mi profesión, en mis bienes, en mi fuerza, en mi familia, o en Cristo?

Ora
Señor, gracias por ser un Dios que siempre me dices la verdad. Ayúdame a valorar tu palabra como la guía única y verdadera para mi vida. Ayúdame a vivir en la verdad.

Lucas 5:1:39 Día 8

"Pero Jesús dijo a Simón: No temas; desde ahora serás pescador de hombres." Lucas 5:10

¿Qué oficio tienes? ¿Carpintero, médico, albañil, secretaria, profesor, empleada doméstica, trabajas en una fábrica o en un centro comercial?

Ahora tienes un nuevo oficio: pescador de personas. Jesús le dijo a Pedro: ahora serás pescador de hombres. La palabra pescador indica que debe pescar algo vivo. Jesús quiere que tengas una segunda profesión. No quiere que renuncies a tu empleo. Quiere que sigas en el y que allí seas pescador de personas.

Todos los discípulos de Cristo tienen el privilegio de compartir la nueva vida en Cristo con otras personas. Eso es justamente lo que significa dar testimonio: decir a otros con mis palabras y mi ejemplo de vida la esperanza de salvación que hay en Cristo Jesús.

Jesús quiere que tu nueva vida brille tan fuerte que todos los que te rodean noten la diferencia que Cristo hizo en ti. Así como la carnada ayuda a los pescadores para atraer a los peces, Dios usará tu vida para que muchos alcancen salvación eterna en Cristo.

Examina
¿Es mi vida hoy un ejemplo vivo para que otros conozcan a Cristo como su Salvador personal?

Ora
Señor gracias por esta oportunidad que me das de ser un colaborador tuyo para la salvación de otros.

Lucas 6:1-11 Día 9

"Y les dijo: El Hijo del hombre es Señor aún del día de reposo." Lucas 6:5

Desde los días de la creación del mundo Dios ordenó guardar un día para descansar. Este día debe dedicarse al servicio exclusivo de Dios. Israel guardó el sábado. En los días de Jesús, los judíos llevaron este mandamiento al extremo, prohibiendo hacer el bien a otros en el día de descanso.

Pero, Jesús y sus discípulos enseñaban, sanaban, atendían a los necesitados en ese día. Por este motivo eran criticados. Jesús es quien debe decirnos como usar ese día. Como cristianos debemos hacer el bien todos los días aun el domingo que es nuestro día de reposo. Jesús espera que demos una parte importante de nuestro tiempo para servirle completamente a Él.

Los cristianos se congregan el domingo para adorar a Dios y aprender de su Palabra. Los cristianos participamos en los ministerios de la iglesia el domingo. La iglesia tiene ministerios en otros días de la semana. Estos ofrecen oportunidades de servicio a la comunidad y a otros creyentes.

Examínate
¿Aparto una parte importante de mi tiempo para servirle a Dios?

Ora
Señor gracias por enseñarnos a guardar un día para ti. Ayúdame a organizarme para que pueda dedicar un buen tiempo para servirte cada semana.

Lucas 6:12-49   Día 10

"Todo aquel que viene a mí, y oye las palabras y las hace ...es semejante a ... " Lucas 6:47

¿A quién quieres asemejarte? Nuestro modelo de vida es Jesucristo. Vivimos para imitarlo a Él. Fuimos hechos a su semejanza (Génesis 1:27). Jesús vive en ti y tu debes permitir que Él se manifieste en tu vida. ¿Cómo? La clave es obediencia. La obediencia es oír su Palabra, e inmediatamente hacer lo que Él dice. La persona obediente se compara con un hombre que edificó su casa en un cimiento seguro. Esta casa firme representa la vida del cristiano cuyo cimiento es Cristo.

Todos tendremos problemas en la vida. No hay nadie que pueda escapar de ellos. Pero cuando lleguen días difíciles a la vida del creyente, su vida estará sobre la Roca que es Cristo (1 Corintios 10:4).

Si afirmas tu vida en Cristo, las personas que te rodean a diario podrán comprobar la verdad de tu testimonio. Ellos verán que tu vida está edificada sobre la Roca: Jesucristo.

No importa cuán recia sea la tormenta, Él siempre nos sostendrá.

Examínate
¿Cómo reaccionas frente a los problemas?
Ora
Señor ayúdame a ser obediente a tu Palabra aún cuando vengan los problemas.

Lucas 7:1-50 Día 11

"Al oír esto, Jesús se maravilló de él ... dijo ... Os digo que ni aún en Israel he hallado tanta fe." Lucas 7:9

Nuestra relación con Jesús es por fe. Fe es la confianza en lo que se espera, el creer aún cuando no se puede comprobar por medio de los sentidos lo que se está afirmando (Hebreos 11:1).

A Jesús no lo podemos ver, como lo hicieron las personas que vivieron en el primer siglo. Pero Él está vivo y Él es real. Él escucha nuestra oración y suple nuestras necesidades.

No importa cuál sea nuestra necesidad, Él nos atiende y da una respuesta, ya sea "sí" o "no." Debemos confiar que Él sabe lo que nos conviene.

Nuestra fe para pedir un favor especial de Dios debe estar en Él, y no en algún otro ser humano. La vida cristiana es una vida de fe. Deposita toda tu fe en Jesús, y verás resultados.

Dios promete resultados en su Palabra: "Confía en él y él hará" (Salmos 37:5).

Examínate
¿Estoy poniendo mi fe en Jesús o en alguna otra persona? ¿A quién atribuyo el mérito cuando Dios contesta mi oración?
Ora
Señor, gracias por darnos el regalo de la fe. Ayúdame a confiar completamente en ti y así orar por aquellos que te necesitan. Mi oración es que Tú puedas mostrarle tu amor a ellos.

Lucas 8:1-21 Día 12

"Y algunas mujeres... y otras muchas ... le servían de sus bienes." Lucas 8:1, 3

"De Jehová es toda la tierra y su plenitud; el mundo, y los que en él habitan. Porque él la fundó sobre los mares, y la afirmó sobre los ríos" (Salmos 24:1). Todo lo que existe le pertenece a Dios y tenemos el privilegio de colaborar con Él en el cuidado de su creación. Igualmente hemos sido puestos por Dios en su mundo y disfrutamos de todas las cosas que vienen de Él.

Como hijos de Dios debemos cuidar lo que nos ha dado. Lo que tenemos es para satisfacer nuestras necesidades y para ayudar a otros que tienen necesidades.

La motivación del cristiano para dar no es el deber, el interés o el temor al castigo. Damos por amor y la gratitud a Dios quien generosamente nos ha dado todo: "...Jesucristo ... por amor a vosotros se hizo pobre, siendo rico, para que ...con su pobreza fueseis enriquecidos (2 Corintios 8:9)."

Esta es la actitud que Dios espera de nosotros en cuanto a nuestro tiempo, habilidades y bienes.

Examina
¿Qué me enseña el ejemplo de estas mujeres en cuanto a la actitud con la cual debo servir al Señor? ¿Hay alguna forma en que yo pueda servir al Señor en este día?

Ora
Señor muéstrame como servirte con mi vida y con todo lo que me has dado. Dame un corazón generoso.

Lucas 8:22-56   Día 13

"...Jesús, le respondió: No temas; cree solamente, y serás salva." Lucas 8:50

Aquí encontramos cuatro crisis en la vida de las personas. Los discípulos atrapados en medios del lago en una tormenta que pensaron no sobrevivir. Un joven atormentado por el demonio que vivía rechazado por la gente, sin amor y sin esperanza. Una mujer padeciendo una enfermedad vergonzosa e incurable que la había dejado pobre. Unos padres a los que la muerte les había arrebatado a su hija.

Todos pasamos por situaciones que nos llevan a la desesperación. Pero cuando nos enfrentamos al sufrimiento Jesucristo está con nosotros. Dios es nuestro mejor aliado para enfrentar los problemas. Él quiere guiarnos a encontrar la mejor solución. A veces confiamos en nosotros mismos o en otros y no en Cristo. Tú eres la única persona que puede alejar a Dios de tu lado (Romanos 8:35). No alejes a Dios cuando estés sufriendo. Sin Dios, el dolor se vuelve insoportable y pareciera que los problemas no tienen solución.

Examínate
¿Hay alguna situación que me provoca angustia y que debo poner hoy en las manos de Jesús?

Ora
Señor pongo en tus manos esta situación... dame sabiduría y consuelo.

Lucas 9:1-17 Día 14

"Porque todo el que quiera salvar su vida, la perderá; y todo el que pierda su vida por causa de mí, éste la salvará." Lucas 9:24

¿Quién quiere perder la vida? Nadie. La vida es nuestro tesoro más preciado. Entonces... ¿De qué vida está hablando Jesús? ¿Cuál es la vida que debo perder?

La vida que hay que perder es la vida de independencia de Dios. Mis proyectos, mis sueños, mis deseos. El que guarde dicha vida, literalmente perderá todo. Al consagrarlo todo a Jesús, acepto sus proyectos, sus sueños, sus deseos para mi vida. Si sigo su voluntad para mi vida, ésta me dará plenitud, haré la diferencia y "salvaré mi vida". Recuerda, Jesús vino y dió su vida por ti. Ahora es nuestro turno de entregarlo todo. Al hacerlo, Jesús nos usará para dar su amor a otros. A esta entrega total a Dios, Él responde llenándonos de su Espíritu para que habite en nosotros y llene cada parte de nuestro ser. Este Espíritu de Dios es quien nos enseña a vivir una vida de obediencia a Dios, siguiendo los pasos de Jesús (Lucas 11:13).

Examínate
¿Quiero responder a Jesús con entrega total? ¿Cuál aspecto o parte de mi vida es aún mío?

Ora
Padre quiero que mi vida sea enteramente tuya, llena con tu Espíritu cada parte de mi ser. Mi vida es completamente tuya Señor. Úsame como a ti te agrade.

Lucas 10:42 Día 15

"La mies a la verdad es mucha, mas los obreros pocos; por tanto, rogad al Señor de la mies que envíe obreros a su mies." Lucas 10:2

Dios necesita obreros para su mies. La palabra "mies" significa campo maduro y listo para la cosecha. Si no hay obreros que recojan la cosecha en el tiempo que está lista, el grano o fruto se pierde. En este pasaje, la cosecha es la humanidad que está lista para escuchar y crecer en la vida nueva en Cristo Jesús.

Hay muchos tipos de obreros que sirven en la iglesia: maestros de Biblia, predicadores, músicos, evangelistas, obreros de compasión, administradores, entre otros. ¡Hay tantos que necesitan oír de Jesús! Es por eso que los obreros no son suficientes. Dios necesita que compartas su preocupación por la falta de obreros. Comienza por orar al Señor de la mies que envíe obreros y prepárate para responder al Señor cuando te pida que le sirvas.

Cualquiera que sea tu profesión, Dios puede utilizarte en la cosecha. Para esto él te ha dado habilidades, una profesión o experiencia de vida con el propósito de que compartas de Jesús con quienes están listos a oír.

Examínate
¿Cómo puedo permitir que Dios me utilice para traer más obreros a su cosecha?

Oración
Señor quiero ser parte de tu cosecha y hablarle a las personas que no han escuchado que hay una vida nueva en Jesús.

Nueva Vida en Cristo - Libro del Discípulo

Lucas 11:1-54 Día 16

"Y perdónanos nuestros pecados, porque también nosotros perdonamos a todos los que nos deben." Lucas 11:4.

Jesús oraba constantemente. Orar era tan natural para Jesús como respirar. Cuando Jesús les enseñó a orar (Lucas 11:2-4), lo hizo usando palabras sencillas. Dios no espera de nosotros discursos preparados. Dios espera que nos acerquemos a Él con confianza. La oración del Padre Nuestro nos enseña a orar como miembros de la iglesia.

La iglesia está compuesta de todos los hijos de Dios quienes aceptan a Jesús como su Señor. La tarea de la iglesia es esparcir el Reino de Dios en nuestra sociedad. El reino de Dios está presente donde nosotros estamos porque Dios reina en nuestro corazón. En este reino la voluntad de Dios se obedece plenamente. La voluntad de Dios es que seamos uno. Dios quiere que nos perdonemos los unos a los otros y así seguir unidos a Él. Es por ello que debemos perdonar cada día a quienes nos ofenden de palabra o de hecho.

Examínate
¿Hay algo en mi corazón que debo perdonar a alguna persona que me ha herido con sus palabras, su actitud o comportamiento? ¿Creo que Dios puede darme el amor suficiente para perdonar a esta persona?

Ora
Señor quiero perdonar de la misma manera en que Tú me perdonas.

Lucas 12:1-57 Día 17

"Porque donde está vuestro tesoro allí también estará vuestro corazón." Lucas 12:34

El corazón representaba en los días de Jesús, y hoy, el centro de la conciencia moral e intelectual y de las decisiones.

¿Qué es un tesoro? Es algo que apreciamos mucho, que no queremos perder. Es algo que amamos mucho y puede que represente además nuestra esperanza para el futuro. Por lo general estamos dispuestos a defender nuestro tesoro a cualquier precio. Si cuidar nuestro tesoro demanda toda nuestra energía y preocupación, estamos dándole más importancia de la que debe tener.

Dios quiere ocupar el lugar de prioridad en nuestra vida, de manera que nada nos distraiga de nuestra relación y servicio a Él. Cuando no damos a Dios el primer lugar de nuestro corazón, ocurre que esas "otras cosas" terminan por absorber todo nuestro tiempo, energías, pensamiento y amor.

Si no damos el primer lugar a Dios, Satanás lo llenará con cualquier otra cosa.

Examínate
Escribe una lista de lo que piensas que son sus tesoros.

Ora
Señor, quiero darte el primer lugar en mi vida, que todo lo demás de esta lista pase a un nivel secundario y Tú reines.

Lucas 13:1-35 Día 18

*"Cuando Jesús la vio, la llamó y le dijo:
Mujer, eres libre de tu enfermedad." Lucas 13:12*

La Palabra de Jesús tiene poder para sanar interna y externamente. Cualquiera que sea tu necesidad Jesús tiene el poder de sanarte. En ocasiones la sanidad ocurre en un instante. Otras veces la sanidad viene luego de un proceso de restauración. En otras ocasiones, la sanidad no llega hasta después de la muerte física, como fue el caso del apóstol Pablo (2 Co. 12:7).

¡La salvación que Dios ofrece es completa! El quiere restaurarnos de todas las marcas que el pecado ha dejado en nuestra vida. Esta obra de salvación comienza en el momento en que recibimos nueva vida en Cristo Jesús y continúa toda la vida. En este proceso Dios nos restaura a su imagen y semejanza.

Examina
¿Hay alguna enfermedad física o emocional de la que necesito ser sanado? ¿Hay alguna otra persona que necesita salud para su cuerpo y vida?

Ora
Señor te pido que me sanes de la dolencia que me aqueja. Sé que es posible, gracias al sacrificio de Cristo en la cruz por mi. Ahora intercedo también por .... para que experimentando tu sanidad, también pueda conocerte como su Salvador personal.

Lucas 14:1-34 Día 19

"Así, pues, cualquiera de vosotros que no renuncia a todo lo que posee, no puede ser un discípulo." Lucas 14:33

La clave de este versículo es la palabra SER. Un discípulo es alguien que vive exactamente como su maestro.

Entonces, deberíamos preguntarnos ¿cómo vivió Jesús?

En el libro de Filipenses, el apóstol Pablo, responde a esta pregunta afirmando: Jesús "se despojó a sí mismo, tomando forma de siervo ... y se humilló, haciéndose obediente hasta la muerte" (Filipenses 2:7, 8). Gracias a esta perfecta obediencia es que podemos ser sus discípulos y gozar de la vida eterna.

Para SER discípulo hay que seguir a Jesús. ¿Cómo? Siendo como él y haciendo lo que Él hizo. Entregando nuestra vida totalmente a Dios: "Se despojó a sí mismo." Entregando nuestra vida en servicio a otros: Jesús nos sirvió al morir para que fuéramos libres del pecado, "y se humilló a sí mismo, haciéndose obediente hasta la muerte..."

La clave para SER un discípulo está en renunciar y perseverar.

Examínate
¿En lo que llevo siguiendo a Jesús me estoy pareciendo más a él en mi forma de vivir? ¿A qué he renunciado yo para seguir a Jesús?

Ora
Padre del cielo, hazme un discípulo que viva como mi Señor y Maestro Jesús. Cambia en mi todo aquello que me estorbe para llegar a SER como Cristo.

Lucas 15:1-32   Día 20

"Así os digo que hay gozo delante de los ángeles de Dios por un pecador que se arrepiente." Lucas 15:10

A Jesús le gustaba usar parábolas para enseñar verdades espirituales. Una parábola es una historia. Puede ser real o no pero basada en situaciones de la vida real. En Lucas 15 encontramos tres parábolas de objetos perdidos: una oveja, una moneda, un hijo.

Todas las personas pierden algo alguna vez. Algo perdido es algo que no está en el lugar correcto. La Biblia nos enseña que Jesucristo... "vino a buscar y a salvar lo que se había perdido (Lucas 19:10). Para esto vino Cristo. Si alguien no está en Cristo, está perdido. Jesucristo quiere que nosotros sigamos el ejemplo del pastor que fue por su oveja perdida (vv. 4-7), de la mujer que buscó su moneda (vv. 8-10) y que busquemos a los que están lejos de Cristo. Dios es el Padre amoroso que está esperando a sus hijos perdidos (vv. 12-32).

Examínate
Escribe 5 nombres de personas perdidas:

Ora
Dios mío dame oportunidad de dar tu testimonio a estas personas.

Lucas 16:1-18   Día 21

"Todo el que repudia a su mujer, y se casa con otra, adultera; y el que se casa con la repudiada del marido adultera." Lucas 16:18.

Dios no quiere que sus hijos se guíen por las normas y costumbres que son aceptadas por la mayoría de la gente cuando éstas van en contra de su voluntad. En los días de Jesús los hombres tenían el derecho legal de divorciarse de su esposa por cualquier motivo.

Hoy, el divorcio es aceptado y practicado en muchos países como una forma de terminar con la unión sagrada del matrimonio. Algunas personas se casan pensando que si la relación no va bien, hay una solución fácil. Es verdad, que en ocasiones el divorcio es la única salida, sobre todo en casos de abuso físico y emocional irreversible. Pero el divorcio entre cristianos, debe ser la última y lamentable solución a una relación irreconciliable. La disolución del vínculo matrimonial es una de las experiencias más destructivas para los cónyuges y los hijos.

Algunas personas llegan a ser discípulos de Cristo siendo ya divorciados y con un nuevo compromiso. Dios no nos culpa por las malas decisiones que tomamos mientras estábamos lejos de Él. Dios nos perdona cuando aceptamos a Cristo como nuestro Salvador, pero quiere que seamos responsables de nuestras decisiones y compromisos a partir de ahora.

Examínate:
¿Soy una persona de palabra? ¿Cumplo lo que prometo? ¿Respeto mis compromisos?

Ora
Señor, ayúdame a ser una persona confiable, de manera que otros puedan ver a Cristo en mí.

Lucas 16:19-30   Día 22

"Y en el Hades alzó sus ojos estando en tormentos, y vio de lejos a Abraham y a Lázaro en su seno." Lucas 16:23

Los judíos llamaban "Hades" al lugar donde van las personas que han hecho lo malo a los ojos de Dios. Al Hades se le conoce como infierno y es un lugar de castigo eterno.

Algunas personas tienen la esperanza de que al morir, tendrán oportunidad de ir a un lugar intermedio, llamado purgatorio. Pero esta creencia popular no tiene base bíblica.

La Biblia da sólo dos opciones: cielo o infierno. El cielo está destinado para los que han seguido fielmente a Cristo. El infierno para Satanás y los demonios y para todos los que rechacen a Cristo.

Son lugares muy diferentes entre sí. En el cielo hay paz y gozo eternos en la presencia de Dios. En el infierno hay tormento y tristeza para siempre.

Jesús nos ayuda a reflexionar sobre ¿dónde queremos pasar la eternidad? La respuesta a esta pregunta nos dirá cómo vamos a vivir de ahora en adelante.

Examínate

¿Estoy preparándome para vivir eternamente con Dios?

Ora

Gracias Señor por invitarme a vivir eternamente contigo, ayúdame a vivir siempre cerca de ti hasta el día en que esté en tu presencia para siempre.

Lucas 17:1-37   Día 23

"Y si siete veces al día pecare contra ti, y siete veces al día volviere a ti, diciendo: Me arrepiento: perdónale." Lucas 17:4.

Para crecer en Cristo y ser su discípulo debemos practicar lo que Jesús nos pide. Una de las prácticas más difíciles es el perdón.

Es como una moneda de dos caras: Jesús dice: "Porque si vosotros no perdonáis, tampoco vuestro Padre que está en los cielos os perdonará vuestras ofensas" (Marcos 11:26).

No sólo se refiere a perdonar a personas que no tienen una relación cercana a nosotros. El mandato llega hasta aquellas situaciones en que es difícil perdonar. Cuando nuestros amigos y seres amados nos hacen daño, nuestros sentimientos se dañan y perdonar se hace difícil. No hay límite para el perdón. La clave es perdonar, perdonar, perdonar. Jesús usa el número siete para dar a entender que debe ser un perdón total.

La falta de perdón va llenando de amargura nuestra vida. Jesús dijo en Mateo 18:22 "No basta con perdonar al hermano solo siete veces. Hay que perdonarlo una y otra vez, es decir, siempre" (Versión en lenguaje actual).

Examínate

¿Estoy guardando en mi corazón algo contra alguna persona que me ha ofendido de palabra o de hecho?

Ora

Señor, ayúdame a perdonar a.... limpia de mi vida toda amargura y rencor. Ayúdame a perdonar siempre a quienes me hagan mal.

Lucas 18:1-43   Día 24

"...porque cualquiera que se enalteciere será humillado; y el que se humillare será enaltecido." Lucas 18:14

La humildad que se aplaude en este pasaje no es la pobreza. Una persona puede ser pobre y al mismo tiempo orgullosa. Esta humildad es "modestia". Es la actitud de aquel que hace las cosas por amor y no por los aplausos. Es aquel al que no le importa ocupar el último lugar en la fila. Es quien ayuda a otros a crecer, aún cuando en consecuencia el mismo sea relegado. Es la persona dispuesta a brindar servicios que para otros son humillantes.

El soberbio no se acerca a Dios con la actitud correcta. Dice: "No necesito a nadie, soy autosuficiente." El orgulloso, trata a Dios como si no lo necesitara. En cambio el humilde dice: "Dios mío, de que otra manera puedo servirte." El humilde se ve a si mismo como un esclavo de Dios y de sus semejantes. Esta fue la actitud de Jesús quien nos brindó el servicio más grande que alguien pudiera darnos al morir en la cruz en nuestro lugar.

Examínate
¿Es mi actitud al orar humilde como la que Dios espera de mi?

Ora
Señor, dame un corazón humilde, libre de orgullo y vanagloria. Ayúdame a servirte para que tú seas glorificado, en lugar de buscar honores para mi.

Lucas 19:1-48   Día 25

"...Zaqueo, date prisa, desciende, porque hoy es necesario que pose yo en tu casa." Lucas 19:5

Zaqueo era un hombre muy ocupado en sus negocios. Había hecho mucho dinero y pocos amigos. Un día Zaqueo buscó alejar la rutina tratando de ver al hombre del cuál todos hablaban. Pero él no sabía que Jesús cambiaría toda su vida.

Jesús no sólo quería estar un momento con él, sino entrar en su hogar y tener amistad con él.

De la misma forma Jesús quiere ser amigo de cada uno de nosotros y para esto nos necesita. Él quiere que nosotros le presentemos a nuestros amigos.

La vida de Zaqueo fue muy diferente desde aquel día en que aceptó a Jesús como su amigo. Los amigos que apreciamos más son aquellos que saben darnos buenos consejos. Zaqueo comprendió que había obrado mal en sus negocios y repartió a los pobres el dinero que había ganado injustamente. Jesús quiere guiarnos a enmendar los errores de nuestro pasado.

Examínate
¿Estoy permitiendo a Jesús ser mi amigo? ¿Estoy poniendo en practica lo que Jesús me dice que haga o deje de hacer?

Ora
Señor Jesús quiero que seas mi mejor amigo. Que vivas en mi hogar. Ayúdame a no tomar ninguna decisión sin saber antes cuál es tu opinión.

Lucas 20:1-47   Día 26

"Entonces dijo: Pues dad a César lo que es de César, y a Dios lo que es de Dios." Lucas 20:25

Los líderes religiosos trataban de ponerle trampas a Jesús para tener un motivo para matarle. Le hacían preguntas mal intencionadas. En este pasaje le preguntan si estaba bien desobedecer al emperador romano negándose a pagar impuestos. Si Jesús respondía que no había que pagarlos, ellos lo acusarían con los romanos. Si Jesús respondía que debían pagar los impuestos, quedaría mal con el pueblo, puesto que los romanos eran los invasores que les habían quitado su independencia nacional.

Entonces...¿Qué le corresponde a César y qué a Dios? Ellos sabían la respuesta, pero no estaban dispuestos a ponerla en práctica.

Pablo dice en Romanos 12:1 "...les ruego que dediquen toda su vida a servirle y a hacer todo lo que a él le agrada" (Versión en lenguaje actual). Dios quiere que le sirvamos con todo nuestro ser y que cumplamos con nuestros deberes como ciudadanos.

Examínate
¿He tenido que enfrentar trampas en este tiempo de algunas personas que no aceptan mi nueva vida en Cristo?

Ora
Señor, ayúdame a ser sabio para saber como responder a las personas que se burlan de mi y de ti.

Lucas 21:1-38   Día 27

"Con vuestra paciencia ganaréis vuestras almas." Lucas 21:19

Aquí Jesús hablaba de dos acontecimientos futuros. Esto se conoce como profecía. En primer lugar (7-24), les advierte de la destrucción de la ciudad de Jerusalén que ocurriría cincuenta años después y de los acontecimientos que precederían a su segunda venida (25-38). Jesús recomienda que sean pacientes cuando sucedan estas cosas.

En Marcos 13:13 dice: "Mas el que persevere hasta el fin, éste será salvo". Perseverar es mantenerse firme pese a las circunstancias que quieren impedirlo. La paciencia entonces nos ayuda a perseverar en nuestra fidelidad al Señor.

Los problemas son inevitables pero la tribulación es más que un problema. Tribulación es un tiempo de aflicción tan grande, que es casi imposible de soportar. En esos momentos algunas personas prefieren culpar a Dios y alejarse de Él. Pero es justamente en esos momentos cuanto más necesitamos estar cerca de Dios.

Examínate
¿Estoy pasando por algún problema que puede alejarme de Jesús?

Ora
Señor, ayúdame a mantener mis ojos en ti y no en los problemas. Quiero estar siempre cerca de ti.

Lucas 22:1-30   Día 28

"... Esta copa es el nuevo pacto en mi sangre, que por vosotros se derrama." Lucas 22:20

Un pacto es un compromiso entre dos partes. Hoy en día hacemos contratos de compra de propiedades, contratos de trabajo, etc. Pero Jesús habla de un nuevo pacto. Es un pacto diferente. Una de las partes es El Dios Creador del universo. La otra parte somos nosotros. Dios ha dado su sangre para firmar este compromiso. Por medio de Cristo, Dios llama a toda la humanidad a hacer un pacto con él. Dios hizo la parte difícil. Nuestra parte en el contrato es aceptar la salvación gratis. Es solo creerle a Dios.

¡Que pacto!

Cuando celebramos la Santa Cena, recordamos el momento en que Cristo se comprometió en este pacto, derramó su sangre proveyéndonos salvación. En ese momento especial recordamos también que somos un pueblo. Por este pacto tenemos salvación del pecado y de la muerte eterna. Es un pacto que nos da vida, gozo y esperanza. Lo hermoso es que nuestra parte del pacto la cumplió Cristo en la cruz.

Examínate
¿Estoy disfrutando de los beneficios de este pacto que hice con Dios?

Ora
Gracias mi Dios por todo lo que has hecho por mi. Gracias por cumplir mi parte.

Lucas 22:31-71   Día 29

"... Simón, he aquí Satanás os ha pedido para zarandearos como a trigo; pero yo he rogado por ti, que tu fe no falte; y tú, una vez vuelto, confirma a tus hermanos." Lucas 22:31-32

¿De donde vienen las pruebas que hacen peligrar la fidelidad del cristiano? Algunas nacen de las circunstancias que nos rodean. Hay otras cuyo autor es el diablo. La buena noticia es que el diablo no tiene poder sobre la vida del cristiano.

Sin embargo, en ocasiones, como la de este pasaje, Dios permite que Satanás nos pruebe.

Jesucristo también fue probado. Fue probado como hombre en su obediencia a su Padre hasta la muerte y también como Dios en la medida de su amor por la humanidad.

Por lo tanto no debemos temer a las pruebas. La fe en Dios y en sus promesas nos ayuda a vencer.

Las pruebas nos fortalecen en nuestra fe. Dios puede usarnos mejor cuando es más firme nuestra vida en Él. Simón Pedro, luego de pasar por esta prueba pudo dar ánimo a sus hermanos en Cristo que estaban siendo probados.

Examínate
¿Cómo puedo hacer de las pruebas algo útil para mi crecimiento espiritual?

Ora
Señor fortalece mi fe para que no desfallezca en medio de las pruebas.

Lucas 23:1-56   Día 30

"Padre, perdónalos, porque no saben lo que hacen." Lucas 23:34

La multitud enfurecida contra Jesús sabía que él no era un criminal, pero ignoraba que Jesús era realmente el Hijo de Dios. Todos gritaban enardecidos sin pensar en la injusticia que cometían. ¡Qué diferente es la actitud de Jesús a la de la multitud!

¿Cómo reaccionaría yo en el momento más difícil de mi vida? ¿Cómo reaccionaría yo ante personas que despiadadamente me golpean? ¿Cómo reaccionaría yo sintiéndome derrotado?

Jesús reaccionó devolviendo amor y perdón. Aún en la más desesperada de las situaciones, Jesús nunca dejó de amar.

"El amor...todo lo sufre, todo lo cree, todo lo espera, todo lo soporta. El amor nunca deja de ser" (1 Corintios 13:7-8).

Tal vez ninguno nos enfrentemos a una multitud furiosa, pero sí con situaciones y personas que puedan hacernos perder el control. Es en esos momentos donde podemos ver cuán impregnado del amor de Dios está nuestro corazón.

Todos necesitamos crecer en amor cada día.

Examínate
¿Hay alguna situación o persona que me ha enfurecido esta semana? ¿Se ha visto el amor de Dios en mí al tratar con esa situación?

Ora
Señor dame más y más de tu amor, para que este brote de mi, aún en los momentos difíciles.

Lucas 24:1-53   Día 31

"¿Por qué buscáis entre los muertos al que vive?" Lucas 24:5

"Y si Cristo no resucitó vana es ...vuestra fe" (1 Corintios 15:14). Si Cristo no volvió a vivir, entonces de nada sirve creer en él o hablar de él a la gente.

Al resucitar Cristo validó el cristianismo. "...Jesucristo murió, pero Dios lo resucitó, y con eso demostró que Jesucristo es el poderoso Hijo de Dios" (Romanos 1:4, Versión en lenguaje actual).

Jesús resucitó en cuerpo y espíritu, igualmente todos los hijos de Dios seremos un día resucitados. Su resurrección nos garantiza que nosotros también resucitaremos con Él (Juan 6:40).

Jesús estuvo en diversas ocasiones con sus discípulos y luego ascendió a los cielos. A partir de entonces los discípulos de Jesús se dedicaron a contar a todos lo que habían visto. Es así como llegó hasta nosotros el mensaje. Gracias al esfuerzo de aquellos hombres y mujeres que por generaciones transmitieron la Palabra, nosotros llegamos a conocer a Jesús y experimentamos su perdón.

Hay muchas otras personas que necesitan oír sobre Jesús.

Examínate
¿Creo de todo corazón que Cristo resucitó y que está vivo hoy y presente en mi vida?

Ora
Gracias Dios por todo lo que has hecho en mi en este mes por medio del estudio del libro de Lucas.

CÓMO LEER LA BIBLIA
y aprender de ella

Mónica E. Mastronardi

CÓMO LEER LA BIBLIA *y aprender de ella*
El presente libro te ayudará en los siguientes aspectos:
1. Podrás apreciar el origen divino de las Escrituras.
2. Te instruirá acerca de cómo se escribió y transmitió la Palabra de Dios.
3. Te proporcionará valiosa información sobre el contenido de la Biblia para que puedas valorarla como guía para tu nueva vida en Cristo.
4. Te enseñará un método sencillo para leer la Palabra, comprenderla, y aplicar sus enseñanzas a tu vida diaria.
5. Comprenderás además la importancia del estudio bíblico diario para tu crecimiento en la fe.

¿Porqué es tan importante leer la Biblia?

"Toda Escritura está inspirada por Dios y es útil para enseñar y reprender, para corregir y educar en una vida de rectitud,..." 2 Timoteo 3:16 (DHH)

Para millones de cristianos la Biblia es el libro más importante del mundo. ¿Porqué es tan especial? He aquí algunas razones:

a. Explica el origen de todas las cosas y el propósito de su existencia.
b. Muestra al ser humano el camino (Jesús) que le lleva al encuentro con Dios.
c. Ha transformado la vida de millones de personas.
d. La veracidad de los acontecimientos históricos que narra han sido confirmados por los descubrimientos arqueológicos.
e. Sus promesas y profecías se han cumplido con fidelidad en la historia y en la vida de los hijos de Dios.
f. Jesús creyó en la Palabra, la estudió, vivió para cumplirla, la obedeció en todo y la enseñó.
g. Por medio de ella Dios habla al lector en forma personal.
h. Alimenta con sus palabras el espíritu del creyente.
i. Muestra el camino para vivir santamente.
j. Consuela en momentos de dolor.
k. Provee guía en momentos de decisión.
l. Muestra cuán grande es el amor de Dios hacia el ser humano.

Todo esto y mucho más es la Biblia para el ser humano.

Una evidencia de lo difícil que es para una persona expresar el valor de la Biblia se encuentra en el Salmo 119. Este es el capítulo más extenso de la Biblia: ¡176 versículos! Su objetivo principal es exponer el gran tesoro que se halla disponible en la Palabra de Dios para toda la humanidad.

Los libros de la Biblia y sus principales divisiones

La Biblia es una colección completa de libros, una biblioteca. Así lo indica su nombre, que proviene de la lengua griega, el cuál significa "libros pequeños".

Los 66 libros que la componen fueron escritos como libros separados y luego coleccionados en el Antiguo Testamento (39 libros escritos antes de Jesús) y el Nuevo Testamento (27 libros escritos después de Jesús).

Entre los 40 autores de los libros de la Biblia se encuentran reyes, profetas, pastores de ovejas, artesanos, pescadores, soldados, poetas, médicos, y muchos otros hombres fieles quienes fueron inspirados y guiados por el Espíritu de Dios. Entre algunos de ellos hay más de mil quinientos años de distancia, sin embargo, la correspondencia y unidad entre estos autores, quienes en su mayoría no llegaron a conocerse, es extraordinaria.

No hay otro libro semejante a la Biblia, el cual habiendo sido inspirado por Dios, es el único que puede satisfacer plenamente todas las necesidades humanas.

Los libros de la Biblia han sido divididos en capítulos y éstos a su vez en versículos, para facilitar su estudio y la comparación entre las diferentes partes de la misma. Por ejemplo cuando se indica Mateo 8:23, esto quiere decir que la lectura es del libro de Mateo; capítulo 8; versículo 23 (vea ilustración en la página siguiente).

Cuando se citan porciones mayores o menores que un versículo de la Biblia se utilizan símbolos de puntuación para indicar la extención de la sección referida. Estos símbolos se leen según la siguiente tabla:

Referencia	Libro	Capítulo	Versículos
Mt. 5:3-6	Mateo	5	3 al 6
Mr. 7:3, 5	Marcos	7	3 y 5
Jn. 4:3s	Juan	4	3 y siguiente
Lc. 5:9ss	Lucas	5	9 y siguientes
Gn. 32:30-33:9	Génesis		32 vrs. 30 al 33 vrs. 9

Para los nombres de los libros de la Biblia se usan las abreviaturas que aparecen en la tabla de los libros del Antiguo y Nuevo Testamento, que está en las primeras páginas de las Biblias. Al comienzo es de mucha ayuda mirar esta tabla para ubicar el número de página en que se encuentra el libro que se quiere localizar.

Capítulo

LUCAS 7, 8   1280

con un beso. Ella, en cambio, desde que llegué a tu casa no ha dejado de besarme los pies. **46** Tú no me pusiste aceite sobre la cabeza. Ella, en cambio, me ha perfumado los pies. **47** Me ama mucho porque sabe que sus muchos pecados ya están perdonados. En cambio, al que se le perdonan pocos pecados, ama poco.

48 Después Jesús le dijo a la mujer: «Tus pecados están perdonados.»
49 Los otros invitados comenzaron a preguntarse: «¿Cómo se atreve este a perdonar pecados?»
50 Pero Jesús le dijo a la mujer: «Tú confías en mí, y por eso te has salvado. Vete tranquila.»

Algunas mujeres ayudan a Jesús

8 **1** Los días siguientes, Jesús fue por muchos pueblos y ciudades anunciando las buenas noticias del reino de Dios. Con Jesús andaban también sus doce discípulos, **2-3** y muchas mujeres. Estas mujeres ayudaban con dinero a Jesús y a sus discípulos. A algunas de ellas, Jesús las había sanado de diferentes enfermedades y de los espíritus malos. Entre esas mujeres estaba María, a la que llamaban Magdalena, que antes había tenido siete demonios. También estaban Juana y Susana. Juana era la esposa de Cuza, el administrador del rey Herodes Antipas.

El ejemplo de las semillas

4 Mucha gente había venido de distintos pueblos para ver a Jesús. Él les puso este ejemplo:

5 «Un campesino salió a sembrar trigo. Mientras sembraba, unas semillas cayeron en el camino. La gente que pasaba por allí las pisoteaba, y los pájaros se las comían. **6** Otras semillas cayeron en un lugar donde había muchas piedras. Las plantas nacieron, pero pronto se secaron porque no tenían agua. **7** Otras semillas cayeron entre espinos. Las plantas brotaron, pero los espinos las ahogaron y no las dejaron crecer. **8** El resto de las semillas cayó en buena tierra. Las plantas nacieron, crecieron y produjeron espigas que tenían hasta cien semillas.»

Después, Jesús dijo con voz muy fuerte: «¡Si ustedes en verdad tienen oídos, pongan mucha atención!»

¿Por qué Jesús enseña con ejemplos?

9 Luego, los discípulos le preguntaron:

—¿Qué significa ese ejemplo que contaste?

10 Jesús les respondió:

—A ustedes les he explicado los secretos acerca del reino de Dios. Pero a los demás sólo les enseño por medio de ejemplos. Así, aunque miren, no verán, y aunque oigan, no entenderán.

Jesús explica el ejemplo de las semillas

11 El ejemplo significa lo siguiente: Las semillas representan el mensaje de Dios. **12** Las que cayeron en el camino representan a los que oyen el mensaje, pero cuando viene el diablo hace que se les olvide, para que ya no crean ni reciban la salvación que Dios les ofrece. **13** Las semillas que cayeron entre piedras representan a los que reciben el mensaje con alegría. Pero, como no lo entienden bien, en cuanto tienen problemas dejan de confiar en Dios. **14** Las semillas que cayeron entre espinos representan a los que oyen el mensaje, pero no dejan que el mensaje cambie sus vidas, pues viven preocupados por tener más dinero y por divertirse. **15** Las semillas que cayeron en

Versículo

Cómo leer la Biblia y aprender de ella | 93

La Biblia se escribió por voluntad y mandato de Dios

Los primeros libros de la Biblia se escribieron por mandato de Dios a Moisés. En Deuteronomio 6: 6-9 se afirma que Dios ordenó a su pueblo transmitir por todos los medios posibles, inclusive la escritura, la Palabra recibida.

Moisés recopiló además los relatos de la historia anterior de su pueblo (Israel) en el libro de Génesis.

¿Cómo pudo Moisés conocer datos tan precisos? Los descubrimientos arqueológicos han comprobado que desde la época de Abraham (unos 2000 años antes de Cristo) había escuelas para aprender a leer y a escribir. Anteriormente a Abraham las historias se transmitían oralmente de padres a hijos. Los descubrimientos arqueológicos han comprobado que los hebreos conocían la escritura desde tiempos remotos. El libro de Hebreos 9:19 indica tambien que los israelitas desde la antiguedad tenían libros donde registraban todas las cosas. (Vea también Deuteronomio 27:2-8 y Josué 8:30-32).

En aquellos tiempos la escritura y los materiales que se usaban, eran diferentes a los que se usan hoy. El verbo hebreo, que se traduce escribir, significa "hendir o hundir" y se refiere al método de hacer las marcas o "cuñas" con un punzón, en tablas de arcilla (escritura cuneiforme que luego dio origen a las letras del alfabeto). Estos grabados, se agrupaban en unas 600 formas diferentes, conformando signos distintos. Luego las tablillas se secaban y endurecían como piedra, ¡el material de escritura más imperecedero que el ser humano haya conocido!

Fueron tres las lenguas originales en que se escribió la Biblia:

a. **Hebreo**
   Casi todos los 39 libros del Antiguo Testamento. Este lenguaje semita fue aprendido por los israelitas al entrar en contacto con los pueblos cananeos. Para el tiempo de Jesús, todos los escritos del A.T. se habían traducido al griego.

b. **Arameo**
   Idioma aprendido en el destierro babilónico. Se han escrito en él, algunas porciones de Daniel y de Esdras. Los libros del Antiguo Testamento se escribieron en un lapso de más de 2.000 años. El trabajo de recopilación

se lo debemos al escriba Esdras (457 a.J.C.), el que fue completado por el sumo sacerdote Simón el Justo (300 a.J:C.). El arameo se convirtió en el lenguaje de uso popular y era el que hablaba Jesús. Mateo escribió su evangelio en arameo, aunque luego se tradujo al griego.

c. **Griego**
Este era el lenguaje común que se usaba en todo el imperio romano. En ese idioma fueron escritos los libros del Nuevo Testamento.

También los autores del Nuevo Testamento recibieron de Dios la orden de escribir las cosas de las cuales ellos fueron testigos. Un ejemplo de ello lo encontramos en Apocalipsis 1:19. "Escribe lo que has visto: lo que ahora hay y lo que va a haber después".

Muy pocas personas especializadas leen en nuestros días la Biblia en las lenguas originales. Gracias a Dios la Biblia ha sido traducida a cientos de idiomas. A estas traducciones del texto bíblico se les llama "versiones" bíblicas. Las más difundidas en español son la versión de Reina Valera (RVR), la Versión Dios Habla Hoy (DHH), la Versión Internacional y La Biblia de las Américas.

¿Puede un libro tan antiguo ser una guía segura para los cristianos del s. XXI?

"Tenemos también la palabra profética más segura, a la cuál hacéis bien en estar atentos como a una antorcha que alumbra en lugar oscuro, hasta que el día esclarezca y el lucero de la mañana salga en vuestros corazones; ... porque nunca la profecía fue traída por voluntad humana, sino que los santos hombres de Dios hablaron siendo inspirados por el Espíritu Santo" (2 Pedro 1: 19, 21).

El apóstol Pedro afirma que todo hombre y mujer puede encontrar la guía más segura para su vida en la Palabra de Dios. Y a continuación compara la Palabra de Dios con una lámpara que señala el camino, aún en medio de la densa oscuridad. Ella tiene esta misión hasta que el día amanezca y aparezca el "lucero de la mañana" refiriéndose al esperado día en que el Cristo vendrá otra vez a buscar a los suyos. Mientras tanto Pedro exhorta a los cristianos a estar atentos a lo que la Biblia enseña.

Se compara la Palabra de Dios con un filtro o un colador, mediante el cual se puede "filtrar" toda la información que viene del mundo. Cuando se conoce la Palabra de Dios, se puede evaluar cada cosa desde la óptica de Dios, a fin de tomar las decisiones más adecuadas según la voluntad de Dios para la vida de sus hijos.

Otras personas comparan la Palabra de Dios con una "lente", la cual permite poner a descubierto los engaños de Satanás y encontrar el camino seguro. Otros la asemejan a una brújula. Otros con un faro, que alumbra en el mar oscuro de este mundo, y puede guiar el barco de nuestra vida, hasta el puerto seguro de la vida eterna.

Se cuenta de cierto capitán que guiaba su buque en alta mar, en una noche cerrada y oscura. De pronto el vigía le informa de una luz que se ve en el horizonte. El capitán le envía instrucciones al lugar de origen de la luz, suponiendo que esta provenía de un barco, para que se mueva, pues de otra manera chocarían pues se encontraba justo en su línea de navegación. Al recibir el mensaje, desde la luz le responden que no se moverán, que por el contrario es su buque el que deberá cambiar el rumbo. Para estos momentos el barco ya se encontraba muy cerca de la luz y de no tomarse una rápida decisión la colisión sería inevitable. El capitán, preocupado, hace un intento más, haciendo mención de sus insignias reales y ya impaciente le ordena que se retire de su ruta. Cuál fue su sorpresa al recibir la siguiente respuesta de la luz: "no importa cuantas insignias tenga su capitán, serán ustedes los que deberán moverse, porque la luz que ustedes ven es la de un faro".

De la misma manera, que este faro, la Palabra de Dios es una guía firme y segura para el ser humano. Ella no debe ser adaptada y modificada según la conveniencia de cada uno. La Palabra de Dios no cambia, no negocia con el pecado, ni justifica la conducta pecaminosa. Es la Palabra la que cambia al ser humano, a fin de que viva conforme a los mandatos del Señor.

¿Cómo estar seguro de que la Biblia es Palabra de Dios?

En 2 Pedro 1:21 declara que ningún profeta bíblico es iniciador de su profecía. La Palabra de Dios fue traída no por voluntad humana, sino que el origen de la misma es divino. Quien movió a los profetas fue el Espíritu Santo, a este "impulso" se le llama "inspiración".

En su IV artículo de fe, la Iglesia del Nazareno declara: *"Creemos en la inspiración plenaria de las Sagradas Escrituras por las cuáles entendemos los 66 libros del Antiguo y Nuevo Testamentos, dados por inspiración divina, revelando infaliblemente la voluntad de Dios respecto a nosotros en todo lo necesario para nuestra salvación; de manera que no se debe imponer como Artículo de Fe ninguna enseñanza que no esté en ellas."*

No todos entienden "inspiración" de la misma manera. Algunos creen que unas partes de la Biblia son más inspiradas que otras. Pero afirmar que Dios es el autor de la Biblia es algo diferente. La Biblia no contiene información sobre el esfuerzo del hombre por conocer a Dios, como otras religiones; ella es la revelación que Dios hace de sí mismo a la humanidad, por medio de instrumentos humanos. Sergio Franco explica la intención de Dios para la Biblia con estas palabras: "El no es, no quiere ser, un *Ser escondido o desconocido*". A lo que el Dr. W.T. Purkiser agrega "la fe es la respuesta del hombre a la revelación de Dios".

La labor del Espíritu Santo guiando a los escritores ha sido maravillosa. El Espíritu les dió la capacidad de comprender la voluntad de Dios y la habilidad para comunicarla a sus contemporáneos por medio de sus propias palabras.

¿Qué importancia tuvieron las Escrituras para Jesús?

En Mateo 5:17, Jesús declara el propósito de su venida: "No penséis que he venido a abrogar la ley o los profetas; no he venido para abrogar, sino para cumplir". ¿Qué es lo que vino a cumplir el Señor Jesús? El verbo que empleó Jesús, y que se traduce "abrogar", se usaba en aquel tiempo para señalar como de deshacía una casa o una tienda (carpa).

Jesús explica claramente que no vino a poner fin o a anular, lo que Dios había hablado por boca de sus siervos, desde los días de Moisés; muy por el contrario, declara que vino a cumplir. Cumplir, significa en el lenguaje original, "llenar hasta arriba", o sea que la meta de Jesús era:

a. *Completar* la obra que su Padre le encomendó, la cuál se había profetizado por boca de sus siervos.

b. *Cumplir* la promesa que Dios había dado a los hombres, de que enviaría a un Salvador.

c. *Llenar* los requisitos del Cordero Perfecto y Santo, el

único que podía pagar el precio de nuestra salvación.

d. **Llevar a la práctica** la ley: Jesús, no sólo cumplió con la ley ceremonial, o sea, con los rituales que la ley estipulaba para todo buen judío, sino que también guardó la ley moral constituyéndose en nuestro ejemplo perfecto.

En diferentes oportunidades Jesús declaró que lo que hacía, era para que las Escrituras sean cumplidas. De ésta manera Jesús se sujetó a la Palabra escrita por los hombres del Antiguo Testamento.

Los discípulos no comprendían los sufrimientos que tenía que padecer Jesús, porque no habían comprendido lo que los profetas habían anticipado (vea Lucas 24:25,27,44).

¿Es probable que su falta de comprensión se debiera a que no habían estudiado detenidamente las Escrituras, comparándolas con los hechos que estaban viviendo?

Si Jesús no se hubiera sujetado a cumplir lo que estaba escrito en el Antiguo Testamento acerca de él, habría echado por tierra el valor de toda la Palabra de Dios.

Mediante su encarnación Cristo reveló la importancia de vivir conforme a la Palabra de Dios, lo cual sus contemporáneos habían descuidado. Al igual que Jesús, los cristianos han de tener respeto y sumisión a la Palabra de Dios.

En Mateo 5:19 Jesús afirma que es importante obedecer toda la Palabra de Dios: "De manera que cualquiera que quebrante uno de estos mandamientos muy pequeños, y así enseñe a los hombres, muy pequeño será llamado en el reino de los cielos; más cualquiera que los haga y los enseñe, éste será llamado grande en el reino de los cielos."

Jesús entendía la importancia fundamental de guardar los mandamientos de la Palabra, viviendo conforme a sus enseñanzas. El Señor aplicó la Palabra en todas las áreas de su vida personal. Vea los siguientes ejemplos de la Escritura:

a. En tiempos de prueba y tentación: Mateo 4:1-11.

b. En sus oraciones: En la oración de Juan 17:8; Jesús se siente satisfecho por haber cumplido su responsabilidad en entregar la Palabra y vivir la Palabra.

c. En la formación de discípulos: Lucas 24: 27- 32.

d. En la predicación y el evangelismo personal: Juan 3:14-15 y Mateo 11: 7-11.

e. Para refutar enseñanzas erróneas: Mateo 22:23-33.

Cómo leer la Biblia en tres pasos sencillos:

Cuando el Señor le salvó, le hizo una nueva criatura para que crezca en una nueva vida con Dios. Nadie puede crecer si no se alimenta adecuadamente. Todo bebé sano se alimenta y crece naturalmente. La Palabra es el alimento diario del cristiano. Los siguientes tres sencillos pasos le ayudarán a leer la Biblia cada día:

PASO 1: ¡Prepárese para un momento especial con Dios!

El apóstol Pablo exhorta a Timoteo a ser responsable en el estudio de la Palabra de Dios (2 Timoteo 3:14-17).

La Palabra de Dios no debe leerse al igual que el periódico u otro material de lectura. El acercamiento a ella ha de ser respetuoso y expectante. Cada vez que abrimos las páginas de la Biblia estamos abriendo un canal de comunicación con Dios. No debemos tratar a la Biblia como un libro informativo, sino como Palabra viva, la cual tiene siempre algo fresco y nuevo para nosotros.

La lectura de la Biblia es el alimento diario del cristiano "No sólo de pan vivirá el hombre, sino de toda palabra que sale de la boca de Dios" (Mateo 4:4). Pero para que esa palabra pueda ser efectiva, debe entrar a nuestra mente primero, por medio de la lectura.

La lectura de la Biblia debe ser la tarea más importante del día para el cristiano. El tiempo que se dedica a ella, debe ser el mejor, aquel en que la mente pueda concentrarse en ella sin apresuramientos. El lugar escogido para ello debe ser tranquilo y acogedor.

Quien hace el enlace entre la Palabra y nuestros corazones, es el Espíritu Santo. Es por eso que antes de comenzar a leer debe pedir en oración la dirección del Santo Espíritu para que le guíe a la verdad.

PASO 2: ¡ Saboree la Palabra!

La lectura de la Palabra de Dios no alimenta al creyente si no reflexiona en ella. Algunas personas conocen el contenido de las páginas de la Biblia, así como conocen el contenido de un libro de historia. Pero "saborear y gustar" en algo diferente.

Para leer mejor se debe procurar comprender las palabras, teniendo a la mano un diccionario, de ser necesario. A veces volver a leer una y más veces el pasaje para entenderlo. Leer el texto en diferentes versiones puede ampliar el significado.

En ocasiones será útil consultar un Comentario Bíblico o un Diccionario Bíblico. También se puede consultar a un creyente más maduro sobre aquellos pasajes que presenten alguna dificultad.

No se necesita leer grandes extensiones del texto, aunque si es recomendable estudiar porciones diariamente de un mismo libro y de principio a fin, a fin de lograr una mejor comprensión, relacionando lo leído con el resto del libro.

En ocasiones puede detenerse en un solo versículo, cuando este tenga un atractivo especial para usted.

Si va a comenzar a leer la Biblia es recomendable comenzar por el evangelio de Lucas, Juan, Marcos o Mateo. Luego puede seguir por el libro de Hechos y los otros libros del Nuevo Testamento.

La Palabra de Dios es una fuente de enseñanzas. Ella no sólo muestra la verdad, también convence de error. Esta verdad nunca será contradictoria con otros pasajes de la Escritura. Al saborear el texto bíblico, se aprende de su gran sabiduría y se crece en el conocimiento de Dios. Pero aún falta un paso más, para que la Palabra sea realmente efectiva.

PASO 3: ¡Digiera la Palabra!

Los fariseos fueron acusados por Jesús de leer, sin aplicar lo leído a sus vidas en Mateo 19:3-6.

La Palabra de Dios no sirve tan sólo para mostrar qué es lo malo y qué es lo bueno a los ojos de Dios. La Palabra de Dios también debe provocar cambio en la vida del lector. Ella se hace carne en el creyente por medio del Espíritu Santo. Ella es como una espada de dos filos que penetra a lo más profundo del corazón, allí donde residen las motivaciones más secretas del ser humano. La Biblia es como la mirada de Dios, que puede ver al hombre y la mujer en lo profundo de sus corazones, como si fueran de cristal.

Ella anima a cambiar, no tan sólo a comprender. Ella purifica el alma por medio de la obediencia (1 Pedro 1:22-23; Juan 17:17). Es por eso que el cristiano que no lee la Palabra, pronto se estanca en su vida espiritual. No sólo su conocimiento se detendrá, también el progreso en su vida cristiana se congelará.

Es recomendable llevar un cuaderno de notas para registrar cómo le ha hablado la Palabra diariamente, cómo lo ha puesto en práctica y con qué resultado. También puede anotar palabras, frases o preguntas que necesite investigar. Esto le será muy útil para aplicar la Palabra a su vida.

Lista de verificación para el estudio diario de la Palabra:

1. En cuanto a mi actitud, al acercarme a la Escritura:
- ¿Lo he hecho esperando encontrarme con Dios?
- ¿Me he dispuesto a obedecer a Dios en cualquier cosa que me muestre en su Palabra en este día?
- ¿He orado pidiendo la dirección del Espíritu Santo y entendimiento en la lectura?

2. En cuanto a mi entendimiento del pasaje:
- ¿He leído con entendimiento la Palabra?
- ¿He relacionado lo leído en el pasaje con otros pasajes leídos anteriormente?
- ¿He tenido en cuenta el texto que rodea el pasaje?
- ¿Entiendo que significaron estas palabras para la gente en aquellos tiempos?

3. En cuanto a mi obediencia a la Palabra:
- ¿Me he examinado a mí mismo?
- ¿He confesado los pecados que la Palabra ha descubierto en mi vida?
- ¿He pedido perdón a Dios por ellos?
- ¿He recibido promesas personalmente de la Palabra?.
- ¿He encontrado un mandamiento que debo obedecer

Bibliografía

Iglesia del Nazareno, Manual 2009 / 2013. CNP: Lenexa, KS, USA, 2010.
José Flores, El texto del Nuevo Testamento. Clie: Barcelona, 1977.
T. Robertson, Imágenes verbales del N.T. Clie: Barcelona, 1988.
Sergio Franco. Aproximación al estudio de la Biblia. CNP: Kansas City, 1989.
William H Vermillion, El uso devocional de las Escrituras en el movimiento Wesleyano. Wesleyan Theological Journal, Vol. 16, No.1, Wesleyan Theological Society: Willmore, Kenrucky, Spring, 1981, pp 51-67 (traducido por Marylou Riggle).
W. T. Purkiser, Un vistazo a la doctrina bíblica. CNP: Kansas City, 1989.

DICCIONARIO PARA NUEVOS CREYENTES
Palabras usadas en la conversación y cultos de las Iglesias del Nazareno

Mónica E. Mastronardi de Fernández

ADOPCIÓN: Acto de amor por el cual, Dios adopta al nuevo creyente como su hijo y le hace "coheredero con Cristo" de las bendiciones que Dios ha preparado para sus hijos (Juan 1:12; Romanos 8:16). *Vea CONVERSIÓN; NACER DE NUEVO.*

ADORACIÓN: La adoración es el amor profundo y supremo que brota naturalmente del corazón de los cristianos en respuesta al amor de Dios que han experimentado en sus corazones. Este sentimiento rinde honor y gloria al Señor, reconociéndole como el soberano de sus vidas y de toda la creación. Adorar es el acto voluntario del creyente por medio del cual expresa su amor a Dios (Mateo 4:10).

ADULTERIO: Relación sexual cometida por una persona casada fuera del matrimonio. En la Biblia se usa, a veces, como figura de la idolatría, o el acto de confiar en cualquier otro dios o imagen y poniéndolo en el lugar que sólo le corresponde al único y verdadero Dios (Mateo 5:27, 28, 32).

ALABANZA: Es la adoración expresada en palabras o cantos que exaltan la grandeza y los actos generosos de nuestro Dios (Isaías 25:1).

ALELUYA: Palabra que se usa como expresión de alegría en relación con Dios (Apocalipsis 19:1).

AMÉN: Palabra que se usa en el culto de adoración para expresar que uno está de acuerdo con lo que está siendo dicho, hecho, cantado o sentido. Literalmente significa "que así sea". Las oraciones suelen terminar con esta palabra (1 Crónicas 16:36; Nehemías 8:6, Efesios 3:21).

AMOR PERFECTO: Es la experiencia de amar a Dios con todo el corazón, el alma, la mente y las fuerzas. Amar a Dios por sobre todas las cosas y vivir constantemente cumpliendo su voluntad (Mateo 22:37-38).

ÁNGEL: Ser espiritual que sirve a Dios. En ocasiones los ángeles llevan mensajes enviados por Dios a sus hijos (Mateo 24:31, Mateo 28: 2,5; Lucas 1:18-19).

ANTIGUO TESTAMENTO (A.T.): Se denomina de esta manera al conjunto de 39 libros de la Biblia que fueron escritos antes del nacimiento de Jesús.

APÓSTOL: Generalmente se refiere a los doce hombres escogidos por Cristo (llamados también discípulos) para continuar con su ministerio. Pablo también se consideró un apóstol (2 Pedro 1:1 y Romanos 1:1).

ARTÍCULOS DE FE: Es la declaración de doctrinas bíblicas que la denominación "Iglesia del Nazareno" cree y se compromete a difundir.

Vea Manual de la Iglesia del Nazareno.

AVIVAMIENTO: Tiempos de despertamiento espiritual que el Espíritu Santo trae a la iglesia. Se caracteriza por un deseo profundo en los creyentes de vivir vidas santas, y de dedicarse al evangelismo, la enseñanza y los ministerios de servicio, resultando en muchas personas arrepentidas y entregando sus vidas al Señor.

AYUNO: Es la abstención voluntaria de alimentos para dedicar ese tiempo a la oración y al estudio de la Palabra. Es una de las disciplinas espirituales que es practicada por los cristianos con diferentes propósitos para su crecimiento espiritual (Mateo 4:1-2; 6:16-18; Hechos 13:2-3).

B

BAUTISMO: Rito de iniciación y símbolo de entrada a la familia de Dios (Iglesia) establecido por Jesús, por el cuál el nuevo cristiano da testimonio público de la decisión personal de vivir una nueva vida en Cristo. El ritual consiste en sumergir brevemente a la persona en agua, o mojar solo la cabeza o salpicarle con un poco de agua. (Marcos 16:16, Juan 3:22-23 y Hechos 2:38-41).

BAUTISMO CON EL ESPÍRITU SANTO: Segunda obra del Espíritu Santo en el corazón humano un tiempo después de la conversión, la cual resulta en la pureza de corazón y el poder para el servicio. Ocurre cuando una persona alcanza el punto de una total consagración o entrega a Dios. Este bautismo es el que ocurrió en los discípulos de Cristo el día de Pentecostés. A veces también se usa para expresar el "estar lleno del Espíritu Santo" (Mateo 3:11, Marcos 1:8, Lucas 3:16, Juan 1:33, Hechos 2: 1- 4).

BENDECIR, BENDICIÓN: Bendecir es desear lo mejor, alabar, dar algo valioso, pedir la intervención de Dios para el bien de otra persona. Ser bendecido es sentirse feliz, satisfecho

(Proverbios 10:22).

BENIGNO, BENIGNIDAD: Se usa como sinónimo de bondad. Es un acto voluntario y desinteresado cuyo objetivo es satisfacer la necesidad de otra persona.

BIBLIA: Es el libro que contiene la colección de 66 libros que fueron escritos por mandato de Dios a personas fieles antes y después del nacimiento de Jesús. Generalmente se refiere a la Biblia como la Palabra de Dios, siendo considerada de esta forma la autoridad suficiente en todo lo concerniente a la doctrina y vida cristiana (1 Pedro 1:25).

BIENAVENTURANZA: Es una promesa de felicidad pronunciada por Dios (Mateo 5:3-12).

BLASFEMIA: Blasfemar es denigrar, menospreciar, calumniar a una persona con la intención de desacreditarla (Proverbios 25:23).

BUENAS OBRAS: Es toda acción de bondad efectuada por los cristianos a otras personas como evidencia de su genuino amor e interés por los demás. Estas buenas obras son normales y cotidianas en la vida de los hijos de Dios (Efesios 2:10).

CAÍDA, CAER EN PECADO: Es el acto de pecar o volver a la vida en pecado después de la conversión (Jeremías 2:19, 14:7).

CALVARIO: Es el nombre del monte en dónde Cristo fue crucificado. Literalmente significa "el lugar de la calavera" (Lucas 23:33).

CARNAL, CARNALIDAD: Describe la manera en que una persona es, piensa y vive antes de ser limpiada por completo del pecado. Expresa la vida esclava del pecado en sus diferentes áreas física, emocional y material, concentrada en satisfacer sus propios apetitos egoístas en vez de buscar primeramente obedecer la voluntad de Dios (Romanos 8: 6-8).

CENA DEL SEÑOR: *vea COMUNION.*

CIRCUNCISIÓN: En el Antiguo Testamento la circuncisión se efectuaba cortando un poco la piel del prepucio de los bebés nacidos varones. Tenía un significado religioso y de pertenencia al pueblo de Israel (pueblo judío). Este rito fue impuesto por Dios cuando hizo un pacto perpetuo con Abraham y su descendencia, como señal del pacto de fidelidad que hacían con Dios (Génesis 17:9-14; Jeremías 4:4). En el Nuevo Testamento adquiere un significado espiritual, señalando la señal interna que debe distinguir a todos los hijos de Dios, que es la limpieza o pureza de corazón (Romanos 2: 28 –29).

COMPASIÓN: Sentimiento profundo de amor e interés por satisfacer las necesidades de aquellas personas que por diferentes razones pasan por angustias y carencias. Es lo contrario de la indiferencia hacia el sufrimiento ajeno. En la Biblia se le llama también "misericordia" (Mateo 15:32).

Vea M.N.C.

COMUNIÓN: También llamada la Cena del Señor. Ceremonia en la cual los creyentes comen una pequeña cantidad de pan y jugo de uva en memoria de lo que Jesús hizo por ellos en la cruz. El pan representa su cuerpo roto y el jugo representa su sangre derramada por nuestros pecados. Jesús ordenó que esto sea hecho hasta que la Iglesia sea reunida nuevamente con él en su segunda venida (Lucas 22:19).

Vea SEGUNDA VENIDA DE CRISTO.

CONDENACIÓN: Es el estado de una persona que ha rechazado a Dios y vive en pecado (Romanos 5:16).

CONFESIÓN: Es el acto de admitir verbalmente que se ha pecado contra Dios o para afirmar lo que una persona cree acerca de Cristo (Romanos 10:9 -10, 1 Juan 1:9, Hebreos 3:1).

CONSAGRACIÓN: Acto de dedicar algo al servicio de Dios exclusivamente. Puede ser la vida de una persona, su tiempo, sus bienes u otros (Romanos 6:13-19, 12:1).

CONSEJERO: Adjetivo que se aplica algunas veces al Espíritu Santo. También se refiere a personas que ayudan a otros por medio de la consejería. Este puede ser un pastor(a) o consejero entrenado, o simplemente un creyente más experimentado en la vida cristiana.

CONSOLADOR: Adjetivo que Jesús dio al Espíritu Santo (Juan 14:16; 15:26 y 16: 7).

CONVERSIÓN: Acto de creer en el Señor Jesucristo y arrepentirse sinceramente. Se evidencia en un cambio de actitud en la persona que decide dar una nueva dirección a su vida en obediencia a Dios. En el acto de conversión, Dios perdona los pecados cometidos por una persona y esto es posible gracias a la muerte intercesora de Jesucristo en la cruz, a su favor. La persona arrepentida recibe una nueva vida espiritual y puede crecer en el conocimiento y servicio a Dios. (Romanos 6:4, 12:2, 2 Corintios 5:17, Efesios 4:22-24).

CONVICCIÓN DE PECADO: Es el resultado de la acción del Espíritu Santo en el corazón de una persona que le hace sentir culpable y le hace desear ser perdonado para que esa relación pueda ser restaurada (Juan 16: 8).

CORAZÓN: Órgano del cuerpo humano que en la Biblia se usa como sinónimo de todo aquello que distingue a los seres humanos como ser: sentimientos, motivaciones, deseos, voluntad. En el corazón se ubican también las cualidades morales que guían la conducta de una persona (Efesios 3:17, Romanos 10:10, Marcos 12:30).

CORDERO, CORDERO DE DIOS: Figura que señala a Cristo como el sacrificio provisto por Dios una vez y para siempre en la cruz. El vino a reemplazar los muchos animales que eran sacrificados anualmente por el pueblo judío, para obtener perdón de Dios por sus pecados. Estos sacrificios de animales sin defecto, tenían como propósito, recordar al pueblo que Dios enviaría al Mesías, el Cordero perfecto (sin pecado) como ofrenda de sacrificio a favor del pecado de todos los hombres (Juan 1:36).

CRECIMIENTO ESPIRITUAL: Señala el desarrollo continuo y normal de un cristiano hacia la madurez. Para que este crecimiento se dé, el cristiano debe practicar las disciplinas espirituales (alimentarse correctamente de la Palabra, relacionarse con Dios por medio de la oración, entre otras); tener amistad con otros cristianos, así como poner en práctica los principios aprendidos (2 Pedro 3:18).

CRISTO: *Vea MESÍAS.*

CRUCIFIXIÓN: Método de tortura y muerte usado por el Imperio Romano por el cual murió Jesús (Mateo 27:22-23, 27).

CUERPO DE CRISTO: Es una figura que se refiere a la unidad de todos los verdaderos cristianos, trabajando juntos y continuando la obra que Cristo comenzó en el mundo. A veces también llamado la iglesia invisible (1 de Corintios 12: 27, Efesios 4:12).

D

DEDICACION DE NIÑOS: Es una ceremonia que se realiza en presencia de la congregación, en la cual los padres presentan al niño(a) a Dios y se comprometen a educarlo en la Palabra de Dios. La congregación se compromete también a ayudar a los padres en este propósito y el pastor(a) hace una oración pidiendo la bendición de Dios para la vida del niño y su familia.

DEIDAD: Término que se refiere a Dios, a la Trinidad (Padre, Hijo y Espíritu Santo) o a Cristo para señalar que él es Dios (Colosenses 2:9).

DIABLO: Vea SATANÁS.

DIÁCONO / DIACONISA: Nombre que designa un creyente que ha "ordenado", es decir que ha recibido licencia o credencial oficial de la iglesia para algún servicio o ministerio especializado según sus dones. La Iglesia del Nazareno otorga además la orden del presbiterio.

Vea PRESBÍTERO.

DIA DE REPOSO: Día que Dios estableció desde la Creación para que fuera de descanso de los quehaceres de la semana y para dedicar a la adoración al Señor. Antes de la resurrección de Jesús ocurrida un domingo o primer día de la semana, se guardaba el sábado para este propósito, pero a partir de entonces los cristianos comenzaron a guardar el domingo en memoria del triunfo de su Señor sobre la muerte (Génesis 2:1-3).

DIA DEL SEÑOR: Nombre que señala el día Domingo, puesto que es el día en que los cristianos se reúnen para dar culto a su Señor Jesucristo. En los libros de los profetas y en el Nuevo Testamento se refiere en ocasiones, al tiempo de la primera y segunda venida de Jesús (Hechos 2:20; Apocalipsis 1:10).

DIEZMO: Es la décima parte de todos los ingresos de una persona o familia. El diezmo, desde la época anterior a Cristo, se apartaba y entregaba como ofrenda de gratitud a los sacerdotes entendiendo que esto pertenecía al Señor (pues de su mano proceden todas las cosas). En este acto de adoración el creyente reconoce a Dios como dueño y Señor de todo lo que es y posee. La fidelidad del cristiano en apartar su diezmo trae gran bendición a su vida, familia y al pueblo de Dios. Provee además fondos para el sostén de los ministros y los ministerios de la iglesia (Malaquías 3:10).

DISCÍPULO: Un discípulo es uno que aprende guiado por un maestro discipulador. Este término se usa para denominar a todos aquellos seguidores de Jesús, que aprenden de sus enseñanzas y la aplican a sus vidas (Lucas 6:10; 14:27).

DISTRITO: Conjunto de iglesias locales que se encuentran en un área geográfica determinada y que están bajo la responsabilidad de un superintendente.

Vea SUPERINTENDENTE DE DISTRITO.

DOCTRINA: Se aplica al conjunto de creencias del cristianismo (Hechos 2:42).

DONES: Habilidad o capacidad recibida de Dios por medio del Espíritu Santo para realizar algún servicio cristiano. Por ejemplo: enseñanza, proveer para las necesidades de otros, sanar enfermos, entre otros (1 Corintios 12:4; Romanos 12:6; 1 Corintios 12:31-13:13).

ECÓNOMO: Un miembro de la Iglesia del Nazareno elegido para servir por un año eclesiástico en algunos deberes como la planificación y mantenimiento de las propiedades de la iglesia local, el recaudo y la administración de los fondos para el sostenimiento de la iglesia y de sus ministros asalariados y para solventar los diferentes ministerios de la iglesia local, entre otros.

ENTERA SANTIFICACIÓN: Gracia recibida de Dios cuando el creyente recibe por fe la llenura del Espíritu Santo el cuál le capacita para vivir una vida de pureza. La voluntad de Dios es que todos sus hijos sean enteramente santificados o "santos". El Espíritu Santo llena al cristiano cuando este comprende que necesita entregar el control de toda su vida al señorío de Cristo, y renuncia a vivir centrado en su propia voluntad. Debe distinguirse de la santificación inicial que ocurre cuando la persona acepta a Cristo como su salvador personal (2 Tesalonicenses 2:13). Es la doctrina distintiva de las iglesias arminiano wesleyanas.

Vea BAUTISMO CON EL ESPÍRITU SANTO, YO (EGO).

ESCUELA DOMINICAL: Departamento de la Iglesia del Nazareno que promueve la enseñanza de la Palabra de Dios. Lleva este nombre debido a que generalmente se realiza los días domingos. Las personas son agrupadas según su edad en clases para el estudio sistemático de la Palabra de Dios con la guía de un maestro cristiano.

Vea MIEDD.

ESPÍRITU SANTO: Es la tercera Persona de la Trinidad por medio del cual Dios obra en este mundo (Juan 14:26).

ESPOSA DE CRISTO: Es una figura que se refiere a la Iglesia de Cristo, compuesta por los cristianos de todas las épocas y que se reunirá con él en su segunda venida (Efesios 5:23).

Vea IGLESIA.

EVANGÉLICOS: La rama de la iglesia protestante que se centra en la salvación por medio de Cristo, únicamente la sola gracia, la sola fe y la sola Escritura.

EVANGELIO: Mensaje de buenas nuevas que difunde la vida y obra de Jesús a favor de la salvación de la humanidad. También reciben este nombre los cuatro primeros libros del Nuevo Testamento que narran el nacimiento, vida, muerte y resurrección de Jesucristo (2 Timoteo 1:9-10).

EVANGELISMO: Es la acción de llevar el evangelio a otras personas con el propósito de traer nuevas personas a la familia de Dios y hacerles discípulos de Jesús. Esta responsabilidad fue encomendada por Jesús a todos sus seguidores (Mateo 28;19-20).

EXPIACIÓN: Se refiere a la muerte de Cristo en lugar del pecador, pagando con su muerte inocente el costo que la justicia de Dios exigía para borrar la mancha del pecado que separaba al hombre de Dios. Es por medio de la muerte de Cristo que Dios pudo reconciliar consigo al mundo y el camino de reencuentro con Dios quedó abierto para todos los seres humanos (2 Corintios 5:19; Hebreos 2:17).

Vea PECADO; SALVACIÓN.

FE: Esta palabra es usada en tres maneras: creer en algo que no se puede probar o ver; la acción de depositar toda confianza en Cristo para salvación; o también puede señalar el conjunto de creencias fundamentales del cristianismo (Hebreos 11:1,6; Mateo 17:20; Romanos 1:17).

FORNICACIÓN: Se refiere a las relaciones sexuales entre personas fuera del matrimonio. También puede describir infidelidad hacia Dios (1 Corintios 6:9).

FRUTO DEL ESPIRITU: Se refiere a los resultados que produce la obra del Espíritu Santo en la vida del cristiano y que se mencionan en Gálatas 5:22-23.

GLORIFICACIÓN: *Vea RESURRECCIÓN.*

GOZO: Experiencia profunda de felicidad inmensa que es fruto de la obra del Espíritu Santo en la vida del creyente. No debe confundirse con el estado de ánimo temporal llamado alegría ya que este "gozo" permanece en el corazón del creyente pese a las dificultades que enfrenta en esta vida (Lucas 2:10, Juan 15:11).

GRACIA: Es el amor gratuito de Dios hacia el ser humano (Efesios 2:4-10).

GRAN COMISIÓN: Últimas instrucciones dejadas por Jesús a sus discípulos antes de ascender al cielo (Mateo 28:18-20).

GRAN MANDAMIENTO: Resumen que hizo Jesús de todo lo que Dios espera de sus hijos. Se encuentra registrado en Mateo 22:36-39.

HERMANO(A): Palabra que se usa para dirigirse a otro cristiano y que recuerda que todos los discípulos de Cristo tienen un origen común y pertenecen a la familia de Dios.

HERMANO MAYOR: Se refiere a la persona que ayuda a otra a conocer a Jesús y que lo guía en los primeros pasos de su vida cristiana.

HOSANNA: Literalmente "salva ahora". Usado para invocar la bendición de Dios, por medio de Jesucristo (el Mesías) (Marcos 11:9-10).

HIMNARIO: Libro utilizado en las iglesias cristianas que contiene cánticos de alabanzas que declaran las grandezas y maravillas del Señor.

IGLESIA: Conjunto de seguidores del Señor Jesucristo, vistos ya sea como un cuerpo local de creyentes (iglesia local) o como la suma de creyentes de todas las naciones y todas las épocas (iglesia universal) (Hechos 9:31; 11:26).

INFIERNO: En hebreo "hades". Lugar de tormento donde van los que han rechazado a Cristo después de la muerte, en espera del juicio final (Lucas 16:23; Mateo 13:41-43).

INTERCESIÓN/ INTERCESOR: Es el acto de interceder. Jesús es el supremo mediador, entre Dios y los seres humanos como divino sacerdote provisto por Dios a fin de restaurar las relaciones, rotas por el pecado. Un intercesor es también un cristiano que ruega a Dios en oración a favor de las necesidades de otras personas (Hebreos 9:14-15; Juan 17). *Vea ORACIÓN.*

JEHOVÁ: Palabra que se usa para referirse al único y verdadero Dios, usada en los tiempos del Antiguo Testamento y que procede del idioma hebreo (Éxodo 3:15).

J. N. I: Siglas que significan Juventud Nazarena Internacional. La J.N.I. es el ministerio de la Iglesia del Nazareno que trabaja específicamente con jóvenes (de doce años en adelante) a fin de traerlos a la nueva vida en Cristo y hacerlos sus discípulos.

JUICIO FINAL: Evento futuro predicho en la Biblia y que consistirá en el juicio de todos los seres humanos delante de Jesucristo, luego de su segunda venida (Mateo 25:31-46).

JUNTA DE LA IGLESIA LOCAL: Es el cuerpo directivo de una iglesia compuesta por miembros de la misma, los cuales son elegidos en asamblea anual. Esta junta asiste al pastor, velando por la buena planificación, administración y expansión de los ministerios y propiedades de la iglesia local.

JUNTA CONSULTORA DE DISTRITO: Cuerpo directivo conformado por el superintendente de distrito, presbíteros y laicos electos en la asamblea anual del distrito, por los representantes de las iglesias locales. La Junta Consultora de Distrito es el órgano asesor del superintendente en lo referente a su ministerio como líder de las iglesias locales de su jurisdicción.

Vea DISTRITO, SUPERINTENDENTE DE DISTRITO.

JUSTIFICACIÓN: Término usado por el apóstol Pablo para expresar la gracia divina que perdona al pecador arrepentido y lo hace "justo" delante de Dios, declarándolo libre de culpa y digno de la comunión con su Creador (Romanos 4:25 y 5:18).

Vea SALVACIÓN; EXPIACIÓN.

JUSTIFICADO: Persona que ha sido hecha justa o declarada justa por Dios (Romanos 5:1).

LAICO: Todo creyente miembro de una iglesia local, excluyendo a ministros ordenados.
Vea MINISTRO; MINISTERIO; DIACONO/DIACONISA, PRESBÍTERO.

LLAMADO: Comunicación personal del Espíritu de Dios a una persona. Dios llama a todos los seres humanos a la salvación, a la santificación y a la obra del ministerio. (Romanos 1:1, Hechos 16:10; 1 Pedro 1:15; Apocalipsis 3:20).

LLENURA DEL ESPIRITU SANTO: *Vea ENTERA SANTIFICACIÓN.*

MANUAL DE LA IGLESIA DEL NAZARENO: Libro que contiene un resumen histórico del origen de la denominación Iglesia del Nazareno; una reseña de las creencias de la misma; los procedimientos de organización y de gobierno y cómo debe conducirse un nazareno frente a los asuntos contemporáneos, como: el aborto; la eutanasia; la homosexualidad y otros.

MAYORDOMÍA: Es el reconocimiento de que Dios es el dueño de nuestra vida y de todo cuanto poseemos, por lo que el ser humano solamente es un administrador de los bienes que recibe de Dios. Los cristianos reconocen a Cristo como su Señor entienden que a Él deben servir con todo lo que son y todo lo que les ha dado. Jesús desea que sus discípulos sean buenos mayordomos esforzándose en administrar todas las áreas de su vida conforme a la voluntad de Dios, por ejemplo: capacidades, tiempo, familia, servicio, ministerio, bienes materiales, entre otros (1 Pedro 4:10).

MAYORDOMO: Un miembro de una iglesia del Nazareno que es escogido para algunas responsabilidades específicas en las áreas de visitación, finanzas, evangelismo, compasión, adoración pública, discipulado, preparación y distribución de los elementos para la Cena del Señor, entre otros.

MESÍAS: Palabra hebrea que significa "ungido". Es el título dado al Salvador prometido por Dios al pueblo del Antiguo Testamento. En la forma griega es "Cristo".

Vea REDENCIÓN.

MIEMBRO: Se refiere a un creyente que ha aceptado formar parte de la lista oficial de integrantes de una iglesia local. Es tomado de la figura bíblica del Cuerpo de Cristo, del cual todos los verdaderos cristianos son miembros. El hecho de participar como miembro activo de una iglesia local permite al cristiano ciertos beneficios y también le hace partícipe de responsabilidades en cuanto al ministerio de la misma. Jesús enseñó a sus discípulos que debían permanecer unidos a fin de hacer un impacto efectivo en este mundo (Juan 17: 11; Romanos 12:4-5; 1 Corintios 12:12-13).

MILAGRO: Hecho sobrenatural efectuado por el poder de Dios. También recibe el nombre de "prodigios", "señales" o "maravillas".

MINISTERIO DE DISCIPULADO Y ESCUELA DOMINICAL (MIEDD): Uno de los ministerios de la Iglesia del Nazareno. Su objetivo principal es enseñar a los cristianos de todas las edades a estudiar la Palabra de Dios y ayudarles a aplicar sus enseñanzas a la vida diaria. Este ministerio coordina y planifica diferentes programas y actividades como ser: Escuela Dominical; Escuela Bíblica Vacacional (EBV); Ministerio de esgrima bíblico infantil (MEBI); Campamentos; Iglesia infantil; Ministerio de la mujer; Ministerio de hombres; Ministerio de la tercera edad; y Ministerio de matrimonios y familia.

Vea ESCUELA DOMINICAL.

MINISTRO, MINISTERIO: Una persona llamada por Dios para que sirva en la iglesia. Usualmente se usa para designar a los que ocupan un liderazgo principal en el clero, como los pastores. Aunque en la Biblia el uso del término es más amplio aplicándose a todos los que sirven a los propósitos de Dios con sus vidas. En la actualidad algunas iglesias cuentan con varios ministros como ser: ministro de jóvenes, ministro de educación, ministro de compasión, ministro de música, entre otros. Ministerio señala todo aquello que se hace para prestar servicio a Dios. Ministerio puede aplicarse a un área de servicio a Dios como ser: ministerio de predicación, ministerio de adoración u otros (Hechos 20:24; Colosenses 1:7).

MISERICORDIA: Es un acto de gracia, amor y compasión propio de Dios e impartido a sus hijos por el Espíritu Santo. Este sentimiento no es un fin en sí mismo, sino que su propósito es movilizar al cristiano para que extienda su mano al necesitado de la misma manera en que Dios tuvo misericordia para con él (Mateo 5:7).

Vea COMPASIÓN.

MISIONERO: Persona llamada por Dios para dedicar su vida a tiempo completo y ser enviada por la iglesia con una misión en especial a otra región geográfica, a un grupo social o cultural diferente. En un sentido más amplio; se aplica a toda persona que vence algún obstáculo para presentar el mensaje de salvación y llevar una persona a Jesús, discipularla o entrenarla para el liderazgo cristiano. La Iglesia del Nazareno reconoce a las personas que son llamadas por Dios al trabajo misionero y las envía a otros países para ayudar en la extensión y consolidación de las iglesias. Estos misioneros son sostenidos por las oraciones y ofrendas de las iglesias locales y su trabajo es coordinado por la oficina internacional de Misión Global (Hechos 1:8).

M.N.C: Siglas de Ministerios Nazarenos de Compasión.

Vea COMPASIÓN.

MORIR A SÍ MISMO: Es el acto de permitir que Cristo viva en la vida de una persona tomando el control absoluto de todo su ser. El apóstol Pablo usa esta figura de la muerte para expresar que el cristiano debe negarse a vivir gobernado por sus deseos y pasiones humanas y vivir la vida conforme a la voluntad santa de Dios (Romanos 8:13, Colosenses 3:5).

Vea CONSAGRACIÓN; ENTERA SANTIFICACIÓN

NACER DE NUEVO: Se dice que una persona nace de nuevo cuando se arrepiente o experimenta el perdón de su pecado y comienza una nueva vida guiada por Dios (Juan 3: 5-8).
Vea CONVERSIÓN.

NACIMIENTO VIRGINAL: Se refiere a la concepción y nacimiento de Jesús de la virgen María. Jesús fue engendrado en forma milagrosa por el Espíritu Santo en María, una joven sierva de Dios que no había tenido unión carnal con hombre alguno y que estaba comprometida en matrimonio con José. Este vendría a ser luego el padre terreno de Jesús, a quién Dios encargó el cuidado del niño y de su madre (Lucas 1:26-38; Mateo 1: 18-21).

NAZARENO: Palabra que designaba en el tiempo de Jesús a todos los ciudadanos de Nazaret de Galilea. De allí fue tomado el nombre que designa a la denominación Iglesia del Nazareno (Mateo 2:23).

NUEVO TESTAMENTO (N.T.): Se denomina de esta manera al conjunto de 27 libros de la Biblia que fueron escritos después de la muerte de Jesús. Estos narran la vida de Cristo y los comienzos de la iglesia cristiana.

OFRENDA: Todo lo que se presenta a Dios como un acto de adoración. En las iglesias cristianas se acostumbra recoger ofrendas monetarias voluntarias en los cultos y reuniones, los cuales junto a los diezmos se utilizan para sostener los ministerios y propiedades de la iglesia. Hay otras ofrendas especiales que se levantan regularmente en las Iglesias del Nazareno en todo el mundo para contribuir a las misiones mundiales:

Ofrenda de Cajas de Alabastro: Se recoge en septiembre y en febrero. Se emplea en la construcción de edificios y en la compra de terrenos para hospitales, seminarios, escuelas, iglesias y casas pastorales.

Ofrenda de Acción de Gracias: Se recoge en noviembre y se usa para el evangelismo mundial.

Ofrenda para Transmisiones de Evangelismo Mundial: Se recoge en Junio y se emplea para los programas de radio de la Iglesia del Nazareno en áreas misioneras.

Ofrenda de Resurrección: Se recoge el domingo de resurrección y se usa para el evangelismo mundial.

Ofrenda para el Plan Médico: Se levanta en el mes de mayo y se usa para sufragar los gastos médicos de los misioneros activos y los ya retirados.

Ofrenda para Ministerios de Compasión: Se recoge en el mes de diciembre y se aplica a los proyectos de ministerios de compasión y a proveer ayuda en situaciones de catástrofes naturales.

Ofrenda de Oración y Ayuno: Se recoge todos los meses del año. El propósito es promover la oración, el ayuno y la ofrenda abnegada en favor del evangelismo mundial.

Vea AYUNO.

ORACIÓN: Diálogo con Dios, el cual nos permite mantener una relación íntima diariamente con El.

PASTOR (A): Líder cristiano de la iglesia llamado por Dios para guiar a los creyentes y dirigirlos en el cumplimiento de los propósitos de Dios para su pueblo (Hechos 20:28).

Vea REBAÑO.

PECADO: Es desobedecer y rebelarse en contra de la voluntad conocida de Dios. El pecado puede ser un mal pensamiento, rechazar a Dios, idolatrarse a sí mismo, ser egoísta, tener una conducta que a Dios no le agrada o la negación a obedecer instrucciones específicas de Dios. Literalmente significa "errar al blanco". La persona que comete pecado debe confesar su falta delante de Dios y de su prójimo (si se trata de una ofensa hacia una persona) y buscar inmediatamente el perdón divino. Además Jesús enseñó que se debe enmendar la falta hasta dónde sea posible y abandonar esa conducta. La muerte de Cristo en la cruz es lo que hace posible que el pecado individual sea perdonado por Dios, si hay arrepentimiento sincero. En la Biblia se distinguen dos clases de pecado: El "pecado" innato, heredado u original y los "pecados", es decir los hechos y acciones cometidas en contra de la voluntad divina (Juan 15:4; Romanos 12:14).

Vea PECADO ORIGINAL.

PECADO INNATO: *Vea PECADO ORIGINAL.*

PECADO ORIGINAL: Condición del ser humano heredada y compartida por toda la raza humana que imprime en el corazón la rebelión a la voluntad de Dios y le impulsa a vivir conforme a sus deseos y caprichos. El sacrificio de Cristo en la cruz hace posible que esta condición sea limpiada del corazón humano a fin de hacerle libre para obedecer a Dios. Esto ocurre cuando el creyente reconoce que hay egoísmo en su corazón, que este le impide cumplir la voluntad perfecta de Dios en todas las áreas de su vida y desea sinceramente ser libre de esta atadura. A esta obra del Espíritu Santo se le conoce como santificación, perfección cristiana, bautismo del Espíritu o ser lleno del Espíritu. Mientras el pecado innato no ha sido limpiado, el Espíritu Santo no puede llenar por completo el corazón humano y siempre se verá en problemas para obedecer la voluntad de Dios para su vida (Efesios 2:3).

Vea BAUTISMO CON EL ESPÍRITU SANTO.

PENTECOSTÉS: Fiesta judía que se celebraba 50 días después de la pascua. Fue durante la fiesta de Pentecostés que los discípulos de Jesús reunidos, después de su ascensión al cielo, fueron llenos del Espíritu Santo y comenzaron a predicar por primera vez a la gran multitud reunida en la ciudad de Jerusalén para la fiesta. En esta ocasión los discípulos experimentaron un milagro del Espíritu Santo que les capacitó para predicar en las diferentes lenguas y dialectos de los oyentes. Como resultado unas tres mil personas se convirtieron ese día, el cuál marca el inicio de la iglesia cristiana y pasó a la historia como el día de Pentecostés (Hechos 2:1-42).

PERFECCIÓN CRISTIANA: También llamada vida de santidad, se refiere a la vida de la persona que ha sido santificada por completo. En la experiencia de la entera santificación el Espíritu Santo de Dios purifica al cristiano de intenciones pecaminosas y le llena del amor perfecto y santo de Dios. La perfección cristiana no se refiere a ser libre de cometer errores, o equivocaciones, que son inherentes a la condición humana. Se trata más bien de vivir honrando a Dios y a los semejantes en cada acto y pensamiento, encauzando los

deseos y pasiones humanas conforme a la voluntad divina.
Vea PECADO ORIGINAL; SANTIDAD.

PREDICAR / PREDICACIÓN: Exposición de la Palabra de Dios en forma oral, con el propósito de instruir a los oyentes en la vida cristiana, persuadir a los pecadores al arrepentimiento y guiar a los cristianos a la experiencia de la entera santificación (Lucas 4:14-15).

PRESBÍTERO: Es el reconocimiento u orden permanente que la iglesia otorga a los ministros que han sido llamados por Dios y han cumplido con los requisitos para ello: como ser estudios teológicos, experiencia ministerial, testimonio y servicio cristiano, entre otros. En la Iglesia del Nazareno se reserva a los presbíteros la administración de los sacramentos.
Vea SACRAMENTO.

PROFESIÓN DE FE: Manifestación pública que hace una persona afirmando que cree en Cristo como su único Salvador y que de ahora en adelante somete su vida a su Señorío.
Vea CONVERSIÓN.

PROFETA: En el Antiguo Testamento, se refiere a alguien escogido por Dios para transmitir su Palabra a la gente. Estos mensajes tenían dos propósitos principales: 1) Señalar a la gente su pecado y llamarlos al arrepentimiento. 2) Dar a conocer a los fieles los acontecimientos que ocurrirían en un tiempo futuro. Estos sucesos tenían relación con el plan de Dios para la salvación de la humanidad (profecía). En el Nuevo Testamento "profeta", se usa en ocasiones para denominar a los predicadores (Efesios 4:11; Jonás 1:1-2).

PROPICIACIÓN: De propiciar, hacer posible algo que era imposible. Es la acción reconciliadora entre el hombre y Dios, efectuada por Cristo en la cruz. La entrega generosa de Cristo, poniendo su vida en el lugar que el ser humano merecía, fue la que "propició" la reconciliación de cada pecador con su Creador (Juan 3:16).

PROTESTANTES: Se denomina de esta forma a las iglesias nacidas en el movimiento de la Reforma del siglo XVI y a sus miembros que se distinguen de la Iglesia Católico Romana. Los protestantes tienen en común algunos fundamentos como ser:

a) La Biblia es la única fuente de autoridad para la vida

cristiana. b) Cada individuo tiene derecho a dirigirse a Dios sin necesidad de un mediador humano para confesar sus faltas en oración. c) El perdón de pecados o justificación se obtiene sólo por la fe en el sacrificio de Cristo. Los sacrificios personales y las buenas obras, no son suficientes ni válidos para obtener el perdón divino. d) Cristo es la cabeza de la iglesia y esta se encuentra en todo lugar dónde haya un grupo de cristianos. e) Todos los creyentes deben compartir la responsabilidad del ministerio cristiano, tanto ministros ordenados, como laicos. f) Los sacramentos se limitan al bautismo y la cena del Señor, que son los que estableció Cristo.

PRUEBAS: Situaciones difíciles que vienen a la vida del cristiano. Estas contribuyen al crecimiento espiritual del creyente, proveyendo la oportunidad de comprobar la fidelidad del Señor y su propio compromiso con Jesucristo (1 Pedro 4:12-13).

R

REBAÑO: Se usa en ocasiones para referirse al conjunto de fieles que están bajo la responsabilidad de un pastor. Es una figura tomada del cuidado que el pastor tenía por sus ovejas en los tiempos bíblicos. Es frecuente encontrar esta figura en la Biblia que compara al pueblo de Israel y a la iglesia con un rebaño, que necesita ser guiado. A los líderes se les llama pastores y su función principal es velar por el bienestar de su rebaño, dando cuenta a Dios, quien es el dueño del mismo (Juan 21:15-18).

Vea PASTOR.

RECONCILIACIÓN: Término que se usa para describir la restauración de las relaciones rotas entre los seres humanos y Dios a consecuencia del pecado. La iniciativa para la reconciliación nació de Dios y se llevó a cabo cuando envió a su Hijo como intermediario. Los hijos de Dios tienen ahora la responsabilidad de continuar este ministerio de reconciliación a fin de que muchas personas tengan la oportunidad de disfrutar de una relación armoniosa con el Creador. Es en ese sentido que los cristianos son "embajadores", enviados por Dios como sus emisarios a todo hombre, mujer y niño para traerlos al reencuentro con Él (Romanos 5:10; Mateo 5:24; 2 Corintios 5:18).

REDENCIÓN, REDENTOR: Indica la acción de rescatar de la muerte o de dar el pago completo, para comprar la libertad del dominio del pecado, que Cristo efectuó en la cruz a favor de la humanidad (Marcos 10:45; Romanos 3:23-24; Efesios 1:7).

Vea MESÍAS.

REGENERACIÓN: Se denomina de esta manera a la obra de restauración que efectúa el Espíritu de Dios en la persona que acepta a Cristo como su Salvador personal. Regenerado significa hecho de nuevo, nacido de nuevo (Juan 3:3).

Vea NACER DE NUEVO.

REINO DE DIOS: Se relaciona al gobierno de Cristo y su autoridad ilimitada. El reino de Dios debe entenderse en sus tres tiempos históricos: 1) El Reino vino con Cristo, pues Él es el rey del Reino de Dios. 2) El Reino está expandiéndose actualmente en cada nueva persona que acepta el señorío de Cristo para su vida. 3) El Reino vendrá con la segunda venida de Cristo, cuando se restablecerá su ilimitado y eterno dominio sobre su pueblo y el universo (Marcos 1:14-15).

Vea REY DE REYES.

RESURRECCIÓN: Una persona que habiendo estado muerta regresa a la vida. En la Biblia se narran algunos milagros de resurrección, aunque estas personas luego finalmente murieron como todos los seres humanos. El único que resucitó para vida eterna fue Jesucristo. Su resurrección es una prueba de que Dios cumplirá su promesa para todos sus hijos, quienes serán resucitados en la segunda venida de Cristo y vivirán eternamente con él. A esta transformación que Dios obrará en sus hijos otorgándoles cuerpos eternos e inmortales se le denomina "glorificación" (Mateo 28:1-10; Hechos 2:31; Juan 5:25).

RESTITUCIÓN: Indica la corrección de un mal que se ha hecho. Es la consecuencia natural del arrepentimiento genuino. Un ejemplo de restitución puede apreciarse en la vida de Zaqueo (Lucas 19: 1-10).

REY DE REYES: Uno de los títulos de Cristo, que se refiere a su autoridad y poder ilimitado sobre toda otra autoridad que pudiera existir en el universo. Como Rey de reyes, él ha de juzgar a todos los líderes de las naciones, en cuanto al desempeño de sus responsabilidades. La Biblia enseña que toda autoridad es derivada de la autoridad divina y que en el juicio final todas las personas que estén en funciones de gobierno van a ser juzgadas por Cristo, según las leyes y principios del Reino de Dios (Apocalipsis 17:14).

Vea REINO DE DIOS; SEGUNDA VENIDA DE CRISTO.

S

SACRAMENTO: Es la señal exterior de una gracia (regalo) recibido de Dios, que se expresa en una ordenanza o rito sagrado en el cual participa el creyente. Los dos sacramentos instituidos por Cristo y practicados por la Iglesia del Nazareno son el Bautismo y la Santa Cena (Mateo 28:19; 26:26-29).

Vea BAUTISMO; COMUNIÓN; GRACIA.

SALVADOR: *Vea REDENTOR.*

SALVACIÓN: Se refiere al acto de Jesucristo de morir en la cruz y dar su vida como sacrificio para el perdón de pecado de toda la humanidad. Por medio de la salvación, toda persona, es liberada de la culpa y de la sentencia de muerte eterna, si cree en Jesucristo, acepta ser su discípulo y permanece creciendo en la vida cristiana (Lucas 2: 10-11; Mateo 1:21; Corintios 15:21-28; 1 Pedro 2:2).

Vea REDENCIÓN.

SANIDAD DIVINA: Curación física que se efectúa milagrosamente en forma instantánea o progresiva y que procede de la mano de Dios. Esta curación ocurre en respuesta a la oración de fe de los creyentes y cuando la voluntad de Dios así lo dispone (Juan 4:46-53).

SANTA CENA: *Vea COMUNIÓN.*

SANTIDAD: Es la esencia misma de Dios, quien es sin pecado. En el Antiguo Testamento se aplicaba a toda persona u objeto que se consagraba al servicio de Dios. En el Nuevo Testamento se aplica a Jesús y a los miembros de su iglesia. La santidad es un mandato de Dios para todos sus hijos a fin de que vivan lejos del pecado. Es la limpieza del pecado original del corazón de manera que se ama de todo corazón a Dios y a su prójimo (1 Tesalonicenses 4:3-7).

Vea SANTIFICADO; ENTERA SANTIFICACIÓN

SANTIFICADO: Una persona que ha sido llena del Espíritu Santo (Romanos 8:1-2).

SATANÁS: Ángel maligno, espíritu enemigo de Dios y de sus hijos. Llamado también "diablo" y "príncipe de este mundo". Existe para incitar a los seres humanos a la rebelión contra los propósitos de Dios. Cristo vino para acabar con su dominio y ofrecer la única salida a los seres humanos de la esclavitud a que los tenía sometidos. Su derrota final ocurrirá en la segunda venida de Cristo, cuando perderá todo poder para obrar en este mundo y sus habitantes (1 Juan 3:8; Juan 12:31; Mateo 25:41; Lucas 10:19).

SEGUNDA VENIDA DE CRISTO: Acontecimiento futuro que ocurrirá al final de los tiempos cuando Cristo regresará y dará comienzo a una sucesión de eventos como ser: 1) La resurrección de los muertos. 2) Las bodas del Cordero, dónde Cristo se reunirá con su Iglesia para celebrar juntos la Comunión. 3) El juicio final, dónde Cristo decidirá el destino eterno de cada ser viviente. 4) La batalla final entre el ejército de Dios y los seguidores de Satanás. 5) El lanzamiento de Satanás, los demonios y todos los pecadores al lago de fuego eterno. 6) La restauración del universo y la tierra de todas las consecuencias del pecado. 7) El descenso de la Ciudad Celestial, la Nueva Jerusalén y el establecimiento de Reino eterno de Dios, dónde Cristo reinará para siempre sobre su pueblo (Apocalipsis 19:9; 20:1-3; 21:1-10; 22:1-5).

SEMANA SANTA: Semana en la que se conmemoran los acontecimientos que ocurrieron durante la crucifixión, muerte y resurrección del Señor Jesucristo. Comienza el domingo de Ramos y termina en la Pascua o domingo de Resurrección.

SEMINARIO / SEMINARISTA: Centro de estudios bíblicos teológicos y ministeriales donde se entrena a los líderes cristianos. Un seminarista es un estudiante de Seminario.

SEÑOR: Título usado frecuentemente en el Nuevo Testamento para señalar a Cristo como amo y dueño de la vida del cristiano y de su iglesia. En el Antiguo Testamento se aplica también a Dios Padre (Mateo 11:25).

SEÑORIO DE CRISTO: *Vea SEÑOR.*

SEÑOR DE SEÑORES: *Vea REY DE REYES.*

SOCIEDAD MISIONERA NAZARENA MUNDIAL (S.M.N.M.): Departamento de la iglesia que apoya, promueve y sufraga el avance de las misiones de la Iglesia del Nazareno en todo el mundo.

SUPERINTENDENTE DE DISTRITO: Es el líder de una jurisdicción o distrito de la Iglesia del Nazareno. Esta persona tiene la responsabilidad de velar por los pastores de las iglesias locales y los líderes de los ministerios de distrito a fin de avanzar en el extendimiento del Reino de Dios.

Vea DISTRITO.

SUPERINTENDENTE GENERAL: La Iglesia del Nazareno tiene seis superintendentes generales. Estos son electos en la asamblea general que se realiza cada cuatro años con delegados de todos los distritos. Los superintendentes generales tienen la responsabilidad de velar por la unidad de la iglesia y la permanencia de la misma en la doctrina bíblica. Ellos atienden los asuntos administrativos de su jurisdicción, dirigen asambleas distritales y otorgan órdenes ministeriales a los presbíteros y diáconos.

Vea PRESBITERO.

TALENTO: Moneda que se usaba en el tiempo de Jesús. Jesús la utilizó para ilustrar la responsabilidad y fidelidad que cada uno tiene de ser un buen administrador de lo que ha recibido del Creador (Mateo 25:14-30).

TEMPLO: Edificio o lugar de reunión de los cristianos para adorar a Dios y recibir enseñanza de la Palabra. En la Biblia se refiere también al cuerpo humano del cristiano como templo del Espíritu Santo (1 Corintios 6:19; 1 Corintios 3:16-17; 2 Corintios 6:16).

TENTACIÓN: Incitación a hacer lo malo (pecado) que puede provenir de Satanás, de otras personas, de los deseos egoístas de uno, o de los malos hábitos aprendidos (Santiago 1:12).

TEOLOGÍA: Es la ciencia que tiene el objeto de estudiar, comprender y enseñar acerca de Dios y de su relación con el ser humano.

TESTIMONIO: Comunicación de la experiencia personal acerca de la relación con Jesús y los beneficios recibidos de esa relación. El testimonio del cristiano es la herramienta más eficaz para que otros puedan conocer a Cristo. Jesús ordenó a todos sus discípulos que sean sus "testigos". También los cristianos dan testimonio a otros cristianos de las bendiciones recibidas de Dios; con el propósito de darse ánimo los unos a los otros y estimularse mutuamente al crecimiento en la vida cristiana (Hechos 2:32).

TRINIDAD: Nombre que recibe la divinidad para describir la unión de sus tres Personas: Padre, Hijo y Espíritu Santo. Las tres Personas permanecen en una relación perfecta y participan del plan santo de Dios para rescatar al ser humano del pecado y restaurarlo a la perfecta comunión con Dios.

U

UJIER: Persona que realiza algún servicio específico en la iglesia como: distribuir boletines, llevar mensajes en una asamblea, dar la bienvenida a las personas, entre otros.

UNGIR CON ACEITE: Una tradición cristiana heredada del judaísmo que consiste en derramar un poco de aceite sobre una persona enferma por la cuál se hace oración pidiendo sanidad. En tiempos del Antiguo Testamento se ungía a una persona con aceite cuando se la dedicaba a un servicio especial a Dios. El aceite es símbolo del Espíritu Santo quien es el que provee la capacidad espiritual para llevar a cabo la tarea encomendada por Dios. El Espíritu es también quien opera la sanidad en los enfermos en obediencia a la voluntad de Dios y en respuesta a la oración de su pueblo (Santiago 5:14-15).
Vea SANIDAD DIVINA.

V

VIDA ETERNA: Es la vida del cristiano que continúa después de la muerte (Colosenses 3:1-4).

YO (EGO): Es la voluntad humana, la mente y la carne que busca satisfacer sus propios deseos en lugar de satisfacer la voluntad de Dios. Este se evidencia cuando el creyente desea romper con las costumbres pecaminosas de su antigua vida. El creyente encuentra entonces dentro de sí mismo una fuerza que se resiste a poner en práctica la nueva vida en Cristo. Esta lucha en su interior le trae tristeza, pues quiere obedecer la voluntad de Dios, pero se siente atraído a hacer su propia voluntad. La salida para este conflicto espiritual es el sometimiento voluntario de la voluntad personal al Señorío de Cristo para que este tome control sobre todas las áreas de la vida del cristiano (consagración) y la llenura del Espíritu Santo que limpia el "ego" del corazón humano y le ayuda a vivir en armonía con la voluntad de Dios (Romanos 7:14-25).

Vea SANTIFICADO; ENTERA SATIFICACIÓN; PECADO ORIGINAL; MORIR A SÍ MISMO.

Solicitud de bautismo

Yo, _____
Nombre del Solicitante

SOLICITO

Ser considerado como candidato
para el bautismo en agua.

_____   _____
Firma del Solicitante   Lugar y Fecha

Curso Bíblico - Nueva Vida en Cristo

Nombre de la Iglesia

CERTIFICA

Que _____

Nombre del Alumno

Participó y completó satisfactoriamente
el curso bíblico Nueva Vida en Cristo

_____   _____
Pastor de la Iglesia Local   *Discipulador*

*"Porque de tal manera amó Dios al mundo,
que ha dado a su Hijo unigénito,
para que todo aquel que en Él cree,
no se pierda, más tenga vida eterna"
Juan 3:16*

_____
Lugar y Fecha

www.ingramcontent.com/pod-product-compliance
Lightning Source LLC
Chambersburg PA
CBHW071515040426
42444CB00008B/1651